中华经典研习丛书

感應篇 略说

钟茂森 著

團結出版社

图书在版编目（CIP）数据

感应篇略说 / 钟茂森著. -- 北京 : 团结出版社,
2024.3

（中华经典研习丛书）

ISBN 978-7-5234-0284-9

Ⅰ.①感… Ⅱ.①钟… Ⅲ.①道藏—研究 Ⅳ.
①B951

中国国家版本馆CIP数据核字(2023)第133266号

出版：团结出版社

（北京市东城区东皇城根南街84号 邮编：100006）

电话：(010) 65228880　65244790　(传真)

网址：www.tjpress.com

Email：65244790@163.com

经销：全国新华书店

印刷：北京天宇万达印刷有限公司

开本：145×210　1/32

印张：61.25

字数：1257千字

版次：2024年3月　第1版

印次：2024年3月　第1次印刷

书号：978-7-5234-0284-9

定价：192.00元（全六册）

目　录

《太上感应篇》原文

太上曰：祸福无门，惟人自召；善恶之报，如影随形。

是以天地有司过之神，依人所犯轻重，以夺人算。算减则贫耗，多逢忧患；人皆恶之，刑祸随之，吉庆避之，恶星灾之；算尽则死。又有三台北斗神君，在人头上，录人罪恶，夺其纪算。又有三尸神，在人身中，每到庚申日，辄上诣天曹，言人罪过。月晦之日，灶神亦然。凡人有过，大则夺纪，小则夺算。其过大小，有数百事，欲求长生者，先须避之。

是道则进，非道则退。不履邪径，不欺暗室；积德累功，慈心于物；忠孝友悌，正己化人；矜孤恤寡，敬老怀幼；昆虫草木，犹不可伤。宜悯人之凶，乐人之善；济人之急，救人之危。见人之得，如己之得；见人之失，如己之失。不彰人短，不炫己长；遏恶扬善，推多取少。受辱不怨，受宠若惊；施恩不求报，与人不追悔。所谓善人，人皆敬之，天道佑之，福禄随之，众邪远之，神灵卫之；所作必成，神仙可冀。欲求天仙者，当立一千三百善；欲求地仙者，当立三百善。

苟或非义而动，背理而行；以恶为能，忍作残害；阴贼良善，暗侮君亲；慢其先生，叛其所事；诳诸无识，谤诸同学；虚诬诈伪，攻讦宗亲；刚强不仁，狠戾自用；是非不当，向背乖宜；虐下取功，谄上希旨；受恩不感，念怨不休；轻蔑天民，扰乱国政；赏及非义，刑及无辜；杀人取财，倾人取位；诛降戮服，贬正排贤；凌孤逼寡，弃法受赂；以直为曲，以曲为直；入轻为重，见杀加怒；知过不改，知善不为；自罪引他，壅塞方术；讪谤圣贤，侵凌道德。射飞逐走，发蛰惊栖；填穴覆巢，伤胎破卵；愿人有失，毁人成功；危人自安，减人自益；以恶易好，以私废公，窃人之能，蔽人之善；形人之丑，讦人之私；耗人货财，离人骨肉；侵人所爱，助人为非；逞志作威，辱人求胜；败人苗稼，破人婚姻；苟富而骄，苟免无耻；认恩推过，嫁祸卖恶；沽买虚誉，包贮险心；挫人所长，护己所短；乘威迫胁，纵暴杀伤；无故剪裁，非礼烹宰；散弃五谷，劳扰众生；破人之家，取其财宝；决水放火，以害民居；紊乱规模，以败人功；损人器物，以穷人用。见他荣贵，愿他流贬；见他富有，愿他破散；见他色美，起心私之；负他货财，愿他身死；干求不遂，便生咒恨；见他失便，便说他过；见他体相不具而笑之，见他才能可称而抑之。埋蛊厌人，用药杀树；恚怒师傅，抵触父兄；强取强求，好侵好夺；掳掠致富，巧诈求迁；赏罚不平，逸乐过节；苛虐其下，恐吓于他；怨天尤人，呵风骂雨；斗合争讼，妄逐朋党；用妻妾语，违父母训；得新忘故，口是心非；贪冒于财，欺罔其上；造作恶语，谗毁平人；毁人称直，骂神称正；弃顺效逆，背亲向疏；指天地以证鄙怀，引神明而鉴猥事。施与后悔，假借不还；分外营求，力上施设；淫欲过度，心毒貌慈；秽食喂人，左道惑众；短尺狭度，轻秤小升；以伪杂真，采取奸利；压良为贱，谩蓦愚人；贪婪无厌，咒诅求直。嗜酒悖乱，骨肉忿争；男不忠良，女不柔顺；不和其室，不敬其夫；每好矜夸，常行妒忌；无行于妻子，失礼于舅姑；轻慢先灵，违逆上命；作为无益，怀挟外心；自咒咒他，偏憎偏爱；越井越灶，跳食跳人；损子堕胎，行多隐僻；晦腊歌舞，朔旦号怒；对北涕唾及溺，对灶吟咏及哭；又以灶火烧香，秽柴作食；夜起裸露，八节行刑；唾流星，指虹霓，辄指三光，久视日月；春月燎猎，对北恶骂，无故杀龟打蛇……如是等罪，司命随其轻重，夺其纪算。算尽则死；死有余责，乃殃及子孙。又诸横取人财者，乃计其妻子家口以当之，渐至死丧。若不死丧，则有水火盗贼、遗亡器物、疾病口舌诸事，以当妄取之值。又枉杀人者，是易刀兵而相杀也。取非义之财者，譬如漏脯救饥，鸩酒止渴；非不暂饱，死亦及之。

夫心起于善，善虽未为，而吉神已随之；或心起于恶，恶虽未为，而凶神已随之。其有曾行恶事，后自改悔，诸恶莫作，众善奉行，久久必获吉庆；所谓转祸为福也。故吉人语善、视善、行善，一日有三善，三年天必降之福。凶人语恶、视恶、行恶，一日有三恶，三年天必降之祸。胡不勉而行之？

讲习缘起

　　《太上感应篇》是道家的一部经典，是太上老君老子的遗教。它告诉我们因果报应的真相，教我们断恶修善。我们学习这部经典有三个因缘：

　　第一个因缘是：和谐社会，需要因果教育。

　　现在提倡共建共享和谐世界。和谐社会、和谐世界是有史以来人们都祈求的，但是却很难达到。为什么呢？因为只有人们真正懂得断恶修善，从而互敬互爱，和谐社会才能实现。如果人们不懂得因果报应的事实真相，那就很难做到断恶修善，也不会去敬爱别人。

　　现在天灾人祸日益频繁，而天灾人祸是人心感召的。若欲挽回世道人心，必须靠因果教育，让人人懂得种瓜得瓜，种豆得豆，种善因必定得善果的道理，这样才能回头，耐心学习古圣先贤的教诲，才能够遵守伦理道德。如果不相信善恶因果，就叫现代人去遵守伦理道德，这是很不容易的。只有善根深厚的人才能够心甘情愿地遵守伦理道德。而对一般人，只有知道作恶事将来得恶果，造善因就有善果，他才能够防非止恶，改过迁善。印光大师说要挽救世道人心，如果舍离了因果教育，哪怕是佛菩萨再来，也没有办法。

中华传统文化的教育，是以儒释道三家为主流。儒释道三家都非常重视因果。道家的这篇《太上感应篇》，通篇都是讲因果报应的。佛家讲的业因果报更是究竟圆满，我们将来学习《佛说十善业道经》就会知道，世间人犯杀盗淫妄十恶业的，就会有恶果报；同理，修十善业，就会有善果。至于出世间的因果，《华严经》里讲：念佛是因，成佛是果；《法华经》里讲的一乘因果就是究竟圆满的因果。很多人说儒家好像没讲因果，孔子没有讲因果两个字。实际上，这是对儒家的经典不熟悉，儒家十三经中的《周易》就说："积善之家，必有余庆；积不善之家，必有余殃。"这就是讲因果，作善的人一定得善报，而且还必有余庆，吉利还有剩余的；作不善的人，必有恶报，恶报之后还有余殃，子孙都会遭殃。

因此，要构建和谐社会，需要大力提倡因果教育，挽回世道人心。

第二个因缘是：成圣成贤，从格物致知下手。

古人讲"读书志在圣贤"，学习中华传统文化，不管是学儒、学佛，还是学道，都要把志向定在圣贤这个目标上。学儒的要学得跟孔子一样，学道的要学得跟老子一样，学佛的要学得像释迦牟尼佛一样，这才叫真学。学做圣贤，儒释道三家都是相通的。印光大师在《太上感应篇直解》的序文里引用《大学》里面的话，告诉我们：要想明明德，止于至善，先从格物致知做起。"明德"就是我们每个人的自性，本来具足，本来清净，能生万法。"明德"也就是释迦牟尼佛所讲的"如来智慧德相"，每个众生都有，只是不明。不明就叫迷惑颠倒，迷惑颠倒就是凡夫。如果从迷转悟了，明了自己的"明德"，就成圣贤了，佛家讲就是成佛了。"明德"的人必定是止于至善，心地纯净纯善，这是目标。

什么是"格物"呢？印光大师解释得好：物就是物欲，格就是格斗。"格物"就是跟自己的物欲来进行格斗，心随时随地保持着一种清明的状态，不随物所转，不随境界所转。恩师经常说，在心地上放下自私自利，放下名闻利养，放下五欲六尘，放下贪嗔痴慢，放下就叫格斗。格斗是跟自己无始劫来的习气做斗争，克服它，要有一番勇气，有一番决断，不可以姑息。

"致知"讲的是什么呢？"知"是良知。人本有本善，儒家讲的"人之初，性本善"，人本来是善，这个善不是善恶对立的善，它是纯善，毫无一丝的恶念，毫无一点的私心，这种善叫纯善、本善，这是我们每个人的良知，俗话叫良心，每个人都有。作恶的人也有良心，他只是昧了良心，昧了良心的意思是他有良心，但是不起作用了，被蒙蔽了，显不出来了。昧着良心这句话说得好，说明良心还在，一点没有损失掉，只是它被蒙蔽了。"致"就是到达，把自己的良心找回来。圆满地恢复良心，这叫致知。

"致知在格物"，如果我们不在物欲上去用功放下，去跟物欲格斗，还被它所转，心和眼都被境界所迷，这怎么能致知呢？我们的良心怎么能彻底恢复呢？我们本有的自性怎么能彰显呢？所以要格物，这是最重要的下手处。要格物首先就是要断恶修善，要断恶修善，我们就得知道什么是恶，什么是善。善恶都不明了，怎么断恶修善？印光大师讲，《太上感应篇》撮取惠吉逆凶福善祸淫之至理，发为掀天动地触目惊心之议论，何者为善，何者为恶；为善者得何善报，作恶者得何恶报，洞悉根源，明若观火。这一篇《太上感应篇》把善恶的道理讲得非常清楚，把吉凶祸福的原理、福善祸淫的道理讲得非常透彻。所以，真正要"格物"，《太上感应篇》不得不学。

第三个因缘是：往生成佛，须在断恶修善上扎根。

我们这一生有幸闻到佛法，有幸遇到《无量寿经》，遇到净土法门，有幸遇到恩师把净土法门给我们讲得这么清楚，这真是百千万劫难遭遇。学佛从哪里下手呢？也要从断恶修善开始。不要以为《太上感应篇》不是佛教的经典就不加以重视。什么是佛教呢？佛教就是佛的教诲，但并不一定是佛说的才叫佛教。佛教经典可以由五种人来说，只要跟佛说的一样，都可以被称为佛经。真正的佛法有一个鉴定的标准，就是"诸恶莫作，众善奉行，自净其意，是诸佛教"，符合这个标准的都能叫佛经。《太上感应篇》是不是叫人"诸恶莫作，众善奉行，自净其意"呢？它是啊。那就等于是佛经。所以，我们应该把这部经典当作佛经来学习，尤其是这一生，想要求生净土的同修，更要好好学习。佛在《观无量寿佛经》里讲，净业三福是往生净土成佛的正因，第一福就是"孝养父母，奉事师长，慈心不杀，修十善业"，其中，"慈心不杀"的详细说明就在《太上感应篇》里。所以，我们真正要求生净土的同修就不能不在这部经典里下功夫。恩师提出的三部基本经典一定要落实。第一部是儒家的《弟子规》，讲伦理道德的，这是最基本的。《弟子规》都没做到，那学佛根本就不可能成就。第二部是道家的《太上感应篇》，这是讲因果的。《弟子规》讲的是"净业三福"里面第一福的前面两条：孝养父母，奉事师长。《太上感应篇》教我们第一福后面的一条：慈心不杀，这是讲因果。杀就是伤害，没有伤害一切人、一切事、一切物的念头，培养慈悲心。我们以后将要共同学习的《佛说十善业道经》是佛家的经典，解释"净业三福"第一福里的最后一条：修十善业。这三条做到了，第一福做圆满了，往生才能有把握。

有的同修还不以为然，可能会觉得道家这部《太上感应篇》的最高的目标就是成仙而已，仙也在六道中，没有圆成正觉，所以就把它当作世间法。而佛法教我们解脱六道轮回。那么佛法和世间法怎么分呢？恩师在讲《太上感应篇》的时候讲得好：佛法、世法，从我们心上分。这一句话讲得太绝妙了，真的是一切法唯心造。你心里有分别执著，认为它是世法，那么它就是世法；你心里没有分别执著，把它当佛法一样看待，那么它就是佛法。《华严经》里讲"一即一切，一切即一"。这个一是任一，而不是专一，任一法都包括一切法。那么，《太上感应篇》包不包括所有的佛法呢？也包括呀，这才符合《华严经》讲的精神。现在恩师在讲《华严经》，为什么还强调我们要学习《弟子规》、《太上感应篇》和《佛说十善业道经》呢？就是因为浅深相即，浅和深是互相融通的，这是《华严经》的玄门。如果认为浅的不包含深的，小的不能包含大的，这样的观念叫执著，不能入华严境界。

这部《太上感应篇》，究极而论，止乎成仙，这是我们大家的看法。虽然从表面上看是世间的伦理道德，但是如果以大菩提心和想成佛的心去学习，它也就成为佛法了。印光大师在序文里就讲，此书若以大菩提心行之，则可以超凡入圣，了脱生死，断三惑以证法身，圆福慧以成佛道。印光大师生前极力提倡的三本书：《了凡四训》、《太上感应篇》和《安士全书》，这都不是佛教的。《了凡四训》是儒家的，《太上感应篇》是道家的，《安士全书》是周安士居士编的，上半部是讲《文昌帝君阴骘文》。为什么印祖这么大力地提倡？因为要救世。真正开悟了的大德，没有门户之见。学佛的人也必须在断恶修善这方面打基础。所以，我们要认真学习这部《太上感应篇》，把它当作佛经一样地尊重。

恩师让我们每天读诵这篇《太上感应篇》，来检点自己的心境，改过迁善。古代有很多的读书人都奉持这部《太上感应篇》，以求断恶修善得福报。印光大师在序文里举了清朝的一个例子：

常州彭凝祉先生小的时候就奉持《太上感应篇》，后来考中状元，做了尚书依然每天奉持。他还说这部书是元宰必读书，元是状元，宰是宰相，状元和宰相必须得读的书。不是说读了这本书就可以成状元当宰相，但要想当好状元、宰相的人必定要在这本书上下功夫。

——钟茂森谨上

解释名题

下面解释《太上感应篇》名题，顺便解释作者。

这部书题目是"太上感应篇"，太上就是太上老君，也就是本文的作者，他是周朝时候的圣人，姓李，名耳，李耳，字伯阳，后来修道成仙，称至尊圣号，我们尊称他为太上老君、道德天尊。他是道家的创始人，相传当年孔老夫子曾经去拜访过老子，向他请教礼乐的根源，老子也把他毕生所学之道传授给孔老夫子，这两位都是圣人。《太上感应篇》就是太上老君教化世人的一部经典，教人断恶修善，明了因果报应的事实真相：造善造恶必定会感应福和祸，吉和凶。这是介绍作者。

我们深一步来看，"太上"这两个字讲的是自性，是我们自己的本性，它是人人本来就有的。很明显，这部书讲的内容就是自性的流露，所以，这部书里讲的善恶都是以性德为标准。符合性德的就是善，违背性德的就是恶。

一切的福祸吉凶都是从心造出来的。唐朝时候禅宗六祖惠能大师讲过："一切福田，不离方寸。"这是讲吉凶祸福都是我们这颗方寸之心造出来的。如果心起善念，那么就得善报，起恶念就感应恶果。造恶的人，起贪心将来堕饿鬼道，起嗔恚将来堕地狱道，愚痴的人将来堕畜生道，这是将来的果报。实际上不用等到将来才能看到果报，有智慧的人现在就能看得出来：贪心的人，贪得无厌，永远不能够满足，眼里都冒着贪婪的光，心里有很多的烦恼，这不就是饿鬼吗? 嗔恚的人发脾气、骂人，两只眼睛透着凶光，全身血气翻滚，真的像在油锅里煎熬一样，怒火充斥着他的头脑，这不就是在地狱道里吗? 愚痴的人不懂因果报应，不知道伦理道德，不讲礼义，这不是跟禽兽一样吗? 那不是在畜生道吗? 所以，现前就看到三恶道的预兆了，将来一定是去三恶道。

既然我们的善恶报应都是由心造出来的，所以，念头就是我们吉凶祸福的主宰。我们这次学习的题目叫作"吉凶祸福的原理"，原理在哪里呢? 就在心。感应都是心去感应，善心感应善报，恶心感应恶果，因果报应丝毫不爽。

这就是题目里面的深刻含义。一个题目就把整篇文章的主旨概括尽了。太上就是我们的心性，感应就是因果。佛家不就是讲这两样吗? 一个是讲心性的道理，一个是讲因果报应的道理。整个《华严经》也不外乎讲心性和因果，而心性与因果是一不是二，心性是因果之体，因果是心性之相用。最后成佛了，还是"念佛是因，成佛是果"。

总之，"太上感应"这四个字可以说涵盖了整个佛法，而且涵盖了儒释道三家圣贤的教诲。

经文划分

下面我们来详细地学习本篇的文意。这篇文章总共有一千多字，不长，跟《弟子规》差不多。读诵起来也很顺口，容易背诵。大家如果好好去念上一个月，一定能背下来。恩师在讲这个课的时候，把《太上感应篇》分为七个段落，第一段是总纲；第二段是示警，告诉我们有神明在监察善恶；第三段讲的是善因善果；第四段讲的是恶因恶报；第五、六两段，重复恶因恶果里的一些重点，尤其杀和盗；第七段是结劝，总结和劝说。这七段分得非常好，把整个《太上感应篇》的层次段落分得很明显，结构也很严谨。

因为时间有限，为了简便起见，我想把它归纳成五大段。因为恩师讲第五、六两段是重复了恶因恶报的两个重点：杀和盗。所以，就把这四五六三个段归成一段。我们的分类就比较粗了。

第一个是总纲，"太上曰：祸福无门，惟人自召，善恶之报，如影随形"。这是本文的第一句话，也是总纲。第二段讲示警，从"是以天地有司过之神"一直到"欲求长生者，先须避之"，讲司过之神对我们所做善恶的监察，警示我们。第三段讲善因善果，是从"是道则进，非道则退"一直到"欲求地仙者，当立三百善"，这是讲造如是善因就得如是善果。第四大段是讲恶因恶报，从"苟或非义而动"，一直到"非不暂饱，死亦及之"，这一大段是最长的，为什么讲恶因恶报最长呢？就是为了提醒我们处处检点自己，不可以造恶因，在这个世间造恶因太容易了。第五大段就是结劝，从"夫心起于善"到最后"胡不勉而行之"，结束全文，做个总结，并且劝勉我们。

这是我们这次共同学习《太上感应篇》的经文划分。

总　纲

【太上曰：祸福无门，惟人自召；善恶之报，如影随形。】

太上老君说：对于凡人，祸害福利都没有一定的门路，都是自作自受，自己召来的。这个召就是召来的意思，作善必有福报，作恶就必有祸报。"善恶之报，如影随形"，就像影子跟着身体，身体走到哪里，影子就跟到哪里。这四句话开宗明义，把整个《太上感应篇》讲的因果报应的事实真相和盘托出。要知道，祸和福没有门路，没有一条叫祸的路，也没有一条叫福的路，"惟人自召"，都是自己召作的。是什么召作呢？心在召作。所以，唯人心自召。起一个善念的时候马上注定就有善报；起一个恶念就马上注定有祸、有凶灾。所以吉凶祸福之门就在我们念头启动的地方，虽然是极小、极隐微，但是不可以不谨慎。就像一个影子，身体刚动，影子就跟着动。那么，为什么会起善恶不同的念头呢？谁不想得福报，谁不想得吉利呢？为什么还要起恶念，去得凶灾和祸殃呢？

起善恶念头的根本在于迷悟，迷的人才会起恶念，悟的人明了，就不会起恶念了。迷悟，到底是迷什么，悟什么呢？我们笼统地说：迷的是宇宙人生真相，悟也是悟宇宙人生真相。那什么是宇宙人生真相呢？宇宙人生真相就是"一切法，唯心所现，唯识所变"。整个宇宙从哪儿来的呢？就是从我们这一念心变现出来的，念头一起一灭，就这一念之间，宇宙就有一生灭。念头一起，马上整个境界就随之起来了，这大千世界、宇宙万象都是我们一念心所变现的。我们知道这个原理的话，那就悟了。悟了的人，起的念头就是善，起善心变现善境界，不能起恶念，一起恶念就变出恶境界，因为整个宇宙、整个境界的根源就在我们那一念心。念佛也是这个道理，当我们诚心诚意念这句阿弥陀佛的时候，念得不夹杂、不间断、不怀疑，净念相继的时候，念念现出来的宇宙就是极乐世界。这是真正的宇宙人生真相。

"如影随形"，"形"是什么呢？比喻是我们的心，心是主体，善恶的境界就像影子一样。这个影子比喻得太好了，一个人的影子投到墙上，你要打它，只能打到墙上，打不到人。不能被影所迷惑，影不是形，但是影又必定是形决定的。三界六道不是真有，它是像影子一样映现出来的。从这个道理中我们可以明白，形是代表我们的心，这个宇宙就是影，我们心一动的时候，整个宇宙就映现出来了，善心映现的是善境界，恶心映现的是恶境界，净念映现的是净土。

这个影像除了刚才我们讲的"唯心所现"的意思，还有另外的意思：形体有多大，影像就有多大；形体动，影子也跟着动，丝毫不爽。另外，也表示善恶的感应非常迅速，它是同时的，形体一动,影子就跟着动,不是一个先一个后。心一动,境界就跟着改变了。

懂得这个道理后,我们就明白了:不用修别的,就修我们这颗心,这叫作从根本修。吉凶祸福就掌握在我们自己手里了。

我们讲一个故事。清朝时期,在崇明岛有一个叫黄永爵的人,一个相士来给他看相,告诉他只能活到六十岁,而且福报也不大。后来有一次,黄永爵出海,刚走到岸边就遇到大风,这时他看到海上一艘船快要被风掀翻了。黄永爵非常着急,立即拿出十两黄金给岸边的船夫,请他赶紧划船去救人,结果救了十三条人命。后来黄永爵又遇到了那位相士,相士看了他的相貌大吃一惊,他说:"哎呀,黄先生,你脸上都出现阴骘纹了,你是不是做了什么大好事?"黄永爵说:"我最近救了十三条人命。"相士说:"你的面相都改了,你的命运也一定改了,你不但有福报,而且能得长寿,你将来还会考上科第。"后来,黄永爵果然考上功名,活到九十多岁,而且还生了一个儿子叫黄振凤,在康熙己未年的会试中名列榜首。这就是修善得来的果报:他起一念善心要去救人,在起这一个善念的同时他的命就跟着转了,面相也跟着转了。所以,真的是如影随形,身体也是跟随我们的心在转的。人为什么要去作恶,而不去行善呢?

伊拉克前总统萨达姆·侯赛因是1979年当总统的,当年他42岁,确实有政治才华,纵横捭阖。在国内,他非常专权蛮横,采用高压统治政策,消灭异党,杀害了很多共产党人,把国内共产党消灭了,然后又去迫害伊斯兰什叶派系,进行种族灭绝式的大屠杀，还采用毒气。在1987年到1988年，又迫害了五十万的库尔德人，仅在1988年，萨达姆总统就屠杀了一万八千库尔德人。在对外方面，萨达姆总统领导的伊拉克和伊朗打了八年的"两伊战争"，1988年停战，接着，1990年又开始攻打科威特，引发了海湾战争。所以，萨达姆是一个好战的总统。

伊拉克本来是一个石油大国，石油收入很丰厚，但是他没有去发展本国的经济，一直打仗。由于入侵科威特，联合国当时下令对伊拉克进行经济制裁。伊拉克经济真的是雪上加霜，民不聊生，人民生活在水深火热之中。而萨达姆却到世界各地购买高级别墅。在法国买的别墅价值都是上亿美元。在法国有一个名胜，全世界三分之二的超级巨富在那儿置办房产，他在那里也有房产。根据调查，他在世界各地有十四栋豪华的总统别墅。

在任职期间，他不只是奢侈，生活还很放荡，拈花惹草，娶了四个太太还嫌不够，身边还有很多美女陪伴。

他对自己家人也很不客气，他的一个女婿，因为跟他不和而逃到约旦，并在约旦讲了一些对他不好的话。萨达姆就设法骗他回来，说回国后可以不追究他，但是这个女婿回来后第三天就被乱枪打死了。

这样的一个总统，福报再大也有耗尽的一天。2003年美英两国以伊拉克可能有大规模杀伤武器为借口攻打伊拉克，没有几天，就占领了首都巴格达。从此，萨达姆的政权垮台了。美国用三千万美元来悬赏萨达姆两个儿子的人头，后来有个叛徒告了密，美军把他的两个儿子连同一个孙子全都打死了。萨达姆在1990年照的一张全家福里面,十几个人,太太、女儿、儿子、儿媳、孙女、孙子,结果是死的死,逃的逃,我们大家都知道,最后剩下他自己,也被判处上了绞刑台,2006年12月30号上午十一点萨达姆和他的一个兄弟一起被绞死。

东岳大帝门口有副对联:阳世奸雄,忍心害理皆由己;阴司报应,古往今来放过谁?善恶的果报丝毫不爽,人为什么要这么愚痴造恶呢?

示　警

我们学习了《太上感应篇》的总纲。总纲是整篇的主旨，为我们开宗明义地提出"祸福无门，惟人自召；善恶之报，如影随形"。这是善恶感应因果的事实真相。接下来，太上又给我们加以警示，告诉我们不但善恶之报是自作自受，而且还有神明在监察我们。如果是做恶事就会受到神明的判决、处罚。所以，下面一章叫示警。请看经文：

【是以天地有司过之神，依人所犯轻重，以夺人算。】

这句话是总括。天地鬼神掌管着我们的善恶，根据善恶来对我们进行判决、定罪。如果犯的恶重，减寿就要减得多，如果恶轻，就减得少。"算"就是寿算，一百天称为一算。人的寿命，如果造善就可以延寿，造恶就减寿。寿命也是一种福报，能够增减。其他福报，包括我们的衣食福禄都是可以增减的。所以，虽然有天生的、命中带来的福报，但是它也是可以增增减减，全靠一个人的善恶所作。"司过之神"是天神，他并不是主宰我们命运的人，他只能根据我们自己造的善恶、犯的罪业的轻重给我们判决，真正的主宰是我们自己。这个要清楚，不可以受了恶报之后怨天，怨这些司过之神不公平，他一定是公平处理。假如他不公平，他犯过，他得受处罚。所以，司过之神属于执法部门，像法官，他不能从根本上决定我们必须到哪里去，他只是判决。

天地之间真的有神。天神有五种通，所谓天眼通、天耳通、他心通、宿命通和神足通。天眼能洞视，我们做恶事，他在天上都能看得见。天耳通，我们跟人家密谋干坏事，声音很小对方还没听见，没想到天上的人听得像雷声一样大。他心通就是能够知道别人心里想的是什么，我们的善念恶念他都知道。《俞净意公遇灶神记》里面讲，俞净意没干什么坏事，但是心里常起恶念，灶神就知道，还跟他讲清楚，告诉他有过什么恶念：贪念、淫念、褊急念、忆往期来念、恩仇报复念。宿命通是什么呢？我们过去世的业因果报，天神都能够看到，但是他看到的有限。佛说阿罗汉神通具足，宿命通最多可以看五百世，五百世以前看不到。天神的宿命通比阿罗汉小多了。佛的宿命通是圆满地看到我们的生生世世，无量劫来我们造的善恶因果佛都知道，所以，佛菩萨宿命通是圆满的，《无量寿经》里讲，西方极乐世界每一位菩萨的宿命通都是圆满的。所以，咱们要想得到宿命通，到极乐世界，六种神通都具足。除了这五通之外还有一种漏尽通，就是没有烦恼。神足通是神通广大，能变幻，能飞行。

所以，天神看我们造作善恶业看得清清楚楚，我们的行为能瞒人，怎么能瞒过天呢？《华严经》里也讲到，一个人一出生就有两尊神跟着，一个叫同生，一个叫同名，分别站在我们的两个肩膀上。一尊神主管我们的善业，一尊神监察我们的恶业。善恶二童子给我们定罪。这是古圣先贤给我们讲的，鬼神是存在的。

现在很多人不相信，说这是迷信，不符合科学。现代的科学家已经以多种方式证明了有鬼神存在。一些心理学家对心理病人进行催眠治疗，通过催眠帮助他回忆过去，帮助他看到不同维次空间的生命。像美国的魏斯医生，他是一位很有名的心理学家、医生。他曾经看的一位病人叫凯瑟琳，她就能够在催眠中回忆自己前世。凯瑟琳还在催眠中遇到一些神灵大师，这些大师竟然能够通过病人的口来讲话，魏斯医生还把声音录下来了，出版了录音带，同时又把这些事情编辑成书出版，书名叫《来自神灵的讯息》，又名《来自大师的讯息》。魏斯医生在书中把这些神灵称为大师，他们智慧很高，应该是天神一类的。

意大利有一位学者叫巴希博士，他几十年来用通讯工具来测试鬼神的声音。他的实验室里有很多科学设备，保证不受任何的电磁波干扰，包括手机讯号，电视台、广播电台的讯号，通通都过滤掉。他找了一些刚刚失去孩子的母亲来做实验，这些母亲的孩子死了没多久，常跟母亲有感应，回来的时候就在实验室里跟自己的母亲交流，讲话的声音全部录下来。

这都是现代科学家的发现，证明鬼神真的有，不是假的。现在我们称之为不同维次空间的生命。

2004年2月，印度有两位学者去一个原始森林部落体验生活。那个部落里有个规矩，就是不可以去他们后山的园林里面，那个园林是他们祖先的坟墓，如果随便闯进去，祖先会惩罚他们。这两个学者也不知道这些情况，有一天黄昏的时候，他们就去那里玩，看到风景还不错，趁着天还没黑，就赶紧拍了照。结果被拍照的那个人突然昏倒，另外一个人吓得就赶紧请部落的长老来救援。长老一看就知道，这个昏倒的人一定是被祖先惩罚了。他们也很有经验，用些咒语，还有一些草药就把他救过来了。两个人也不敢久留，赶紧回家。回家以后把数码相机的相片下载到电脑里面，一看那天的照片里面，被照相的那个人后面还站着一个鬼影。这张照片现在在网络上都登载出来了。

鬼神真有啊，不是古圣先贤编造出来吓唬我们的，让我们不敢造恶业，不是这样的。他们确实在监察我们。我们只要还有这个身，就必定在鬼神监察范围之内。如果是出了三界六道，不再执著这个身，不执著身是我，达到了无我的境地了，就不受阴阳五行的限制，也不再受天地鬼神的控制了。正所谓"身在三界外，不在五行中"，三界就是欲界、色界、无色界。

古时候有一位金碧峰禅师，这个禅师禅定功夫很深，一入定，鬼神就找不到他。有一天阎罗王发现这个禅师寿命到了，要把他抓到阎罗殿上来审问了，就派了两个小鬼去抓他。可是小鬼怎么也找不到他，因为禅师在禅定当中。小鬼就去请教土地公，如何能把这位禅师抓到。土地公说：这位禅师虽然定功很深，但他还没有明心见性，还在三界六道当中，你还是能抓到他。他很喜欢一个玉钵，你在这个钵上动手脚，他就一定能够就范。于是，小鬼就找到他的玉钵，在那儿敲打发出响声。禅师在定中听到有人在敲钵，就想是不是有人在偷他的玉钵，马上出定来看。一出定，枷锁就套在他的脖子上了，被小鬼套住了。这个时候禅师才大呼上当，知道自己还有一点没放下，这一点执著竟然把了脱生死的大事给断送了！所以，他拿起玉钵就往地上一摔：这个玉钵就是我的障碍。随着一声碎响，他突然之间就开悟了，虚空粉碎了。然后他就说了一句话：若人欲拿金碧峰，除非铁链锁虚空；虚空若能锁得住，再来拿我金碧峰。这个禅师开悟了，心地如虚空一样，不再执著这个身体，知道这个身体不是我；这个身体是我的一个小部分，像我们人体里面一个小汗毛一样，你把它拔掉了也无所谓，不能执著它。我是什么呢？尽虚空遍法界都是我，这是大我。这是真正开悟的人，他明白了：自性才是我，整个尽虚空遍法界无不是自性变现的。

宇宙是自性变现的，是相；自性是我的本体，宇宙是我的身。所以，开悟的人看谁是我呢？人人都是我，每一个众生都是我，都是我自性变现出来的。就像大海上的水波浪花，一个个众生就是浪花，浪花与浪花确有不同，人与人之间也有不同，但是要知道，浪花就是大海，离不开大海，它是大海现出来的。没有大海哪有浪花呢？所以，开悟的人不执著那个浪花是我了，明了整个大海就是我，所有的众生都是我现出来的浪花。所以，这个人就不受天地鬼神的控制了，跳出三界六道之外了。没有我了，天地鬼神怎么能拿着他呢？拿他没办法了。所以，关键就是要把这些执著克服掉，它障碍我们明心见性，认识本来面目的那个障碍就是我们的执著。不管你执著什么，只要有执著，那就是障碍。

执著是什么呢？是念头，所以不能起念头。金碧峰禅师在禅定当中的时候没有念头，鬼拿他就没办法，起一个念，"是不是有人打我玉钵的主意了？"就马上被抓住了。念头一起就在阴阳当中，就在鬼神监察当中；念头不起，鬼神就看不见他了。所以，圣人教我们克念作圣，克服自己的念头才能成圣人。成佛、成菩萨，都是在念头上去修。《太上感应篇》教我们先断恶念，这是第一步，接下来就要断一切杂念，用什么方法呢？用一句"南无阿弥陀佛"来克服一切的念头，包括恶念，也包括善念。所有念头都克服，断了一切杂念，只有"南无阿弥陀佛"这一个念头，就叫净念，纯净纯善。用念佛来克住自己的恶念很管用。下面会讲到哪些是恶，要把这些恶转过来，最好的方法就是念佛，念头一起马上用佛号把它压住。

刚才讲的是总论，警示我们有司过之神，按照我们罪恶的轻重来减我们的寿命。下面就分别给我们讲会得什么样的果报。

【算减则贫耗，多逢忧患，人皆恶之，刑祸随之，吉庆避之，恶星灾之，算尽则死。】

这一段讲的是会得什么样的报应。一个人如果起恶念，讲恶的语言，做恶的事情，身口意造作恶业，那么寿命就缩减。

第一条果报，算减则贫耗，多逢忧患。寿命减少了，做一件坏事，减一算，福报也就跟着减，就"贫耗"了，"贫"是贫穷。"耗"是耗散，家里钱也不见了，东西也不见了，被人偷了，出去被人掏腰包等等。"多逢忧患",或者是家里有败家子,或者家里有人赌博,把这个家产都耗光了,而且经常会出现忧患、愁苦。忧是愁苦,患就是祸患,经常有一些不如意的事发生。

第二条果报,人皆恶之。恶就是讨厌。作恶的人,人人都讨厌,没有人喜欢干坏事的人,大家都喜欢善人,为什么呢? 因为每个人都有一颗本善的良心,所以,公道自在人心。尽管人不一定是个完满的善人,但是他也知道什么是善,什么是恶,因为他自己有良心,所以,看到别人作恶,他内心自有一个判断。而恶行太多的人,最后也多为社会所不容。

第三条果报,刑祸随之。因为他作恶,有害于人民,有害于社会,违反了法律,所以,官府来抓他,判他刑,他会受到刑罚。如果官府没有抓到他,鬼神都会来加祸于他,他的一些恶友也会栽赃给他,所以,他就有祸患。

第四个果报,吉庆避之。作恶的人,吉利福庆都没有了。"避"就是避开。"积善之家,必有余庆; 积不善之家,必有余殃",做不善,他那个吉、那个福都削减掉了。

第五个果报,恶星灾之。道家讲一个人的命运都有一个星神来主管,有善的星神,也有恶的星神,那都是自己造的善恶感应来的。同类相聚,假如作恶必然召感恶星、凶神恶煞,他们都会降临到作恶人的家里,让他家无宁日,遭殃、死人、家破人亡,水火盗贼都来侵害他,这也是自作自受。古人讲"天道无亲,常与善人",天无亲,无亲就是没有私心,没有亲情。他只会给善人以福报。所以,真正觉悟的人知道,要想得到天的福嘉,避开祸患,惟有改恶修善。

我们学佛的人祈求佛菩萨加持照顾，那也要知道，佛菩萨给我们的照顾就是让我们能够明白什么是善，什么是恶，让我们从恶当中回头，从迷当中回头，断恶修善，破迷开悟，这就是佛菩萨对我们的加持，绝不是我们拿些花果、金钱来供养佛菩萨，佛菩萨就给我们加持，那佛菩萨成什么人了？你要供养他，他就给你加持，不供养他，他就不给你加持，这好像是把佛菩萨看成一般的俗人一样了，这是亵渎。

一个国家也是如此。如果国家积善，人民都能够断恶修善，这个国家就有福了。恩师曾经多次应邀到印尼。我记得第一次跟恩师一起去印尼是应副总统邀请，副总统向恩师请教：印尼在一九九八年金融风暴之后到现在经济一直上不去，社会也很不安定，请教恩师如何能够使经济复苏、社会安定？

恩师告诉他：安定是经济繁荣的前提，如果不安定，大家不敢在这儿投资，经济怎么能繁荣呢？印尼的主要问题是不安定。不安定的主要原因是什么呢？缺乏伦理、道德、因果的教育，没有这些圣贤教育，人心就不能断恶修善，不能回头。人心不能安定，社会怎么能安定呢？这个事情不是政治、经济可以办到的，武力、科学也办不到，惟有靠教育，教育可以转化人心。

最后，"算尽则死"。一个人做恶事就被减算了，减到最后，死期就到了。原来有的寿命都被减掉，短寿、有疾病，这是花报。那果报呢？果报就是堕地狱、饿鬼、畜生这三途。所以，太上在这里警示我们，不可以造恶。造恶了，自己的福报就会大幅度削减，最后就死掉了。死了之后还要堕三途。

接下来继续讲天神对我们的监察：

【又有三台北斗神君，在人头上，录人罪恶，夺其纪算。】

三台北斗神君，三台是上中下三台，主宰人的福禄寿，北斗就是北斗星君，道家里面的一尊神。他们经常在人的头上，记录人所犯的罪恶，然后依据罪恶的轻重，夺人的寿命。纪算，十二年为一纪，一百天为一算。"大则夺纪，小则夺算"，就看罪恶的大小。刚才讲的是天神，三台星和北斗星君。底下是讲身中的神：

【又有三尸神，在人身中，每到庚申日，辄上诣天曹，言人罪过。】

三尸神在人的身体里面。我们知道庚是天干，申是地支。天干、地支互相排列，六十天为一个周期。庚申日是六十天里面的一天，每到庚申日这一天，换句话说，每两个月三尸神就从人身体里面出去一次，到天上向上帝去禀奏人的罪过。故意犯的叫罪；无意犯的叫过。三尸神分别是上尸神叫青姑，在人的头部，它使人多欲，多思，眼花缭乱，而且头发会掉落；中尸神叫白姑，住在人的肠胃里头，使人好吃，善忘，喜欢作恶；下尸神叫血姑，住在人的脚部，令人好色、好杀，而且把整个肢体搅得焦躁不安。三尸神都希望人早点死，因为人死了以后，它就能出来做鬼，然后接受人的血腥供养。所以，它到了天上就拼命地说人的过失，人只要犯了一点过失的，三尸神都不会放过。

要知道，真正免除三尸神的告状，惟有自己断恶修善。鬼神都敬佩断恶修善的人，怎么敢说他的过失呢？

【月晦之日，灶神亦然。】

灶神主管一个家庭，记录家人所做的善恶。月晦是指阴历一个月的最后一天，在这一天灶神也像三尸神一样，到天上向上帝禀告这一家人的善恶。如果作恶，灾殃就会降临到这个家庭。当然，如果这个家庭作善，灶神也会如实禀告，绝对不会欺瞒上天，灶神都是很正直的，不会打妄语。

《俞净意公遇灶神记》中讲，明朝嘉靖年间，俞净意公从年轻的时候就供养灶神，结文昌社，虽然从表面上看做了一些善事，但是心里有很多恶念，所以，他的命运越来越糟，越来越惨。难得他对灶神爷有这份恭敬心，于是，有一年的腊月三十，灶神爷化身来访，告诉他：你的命运之所以不济，生了九个孩子，四男五女，结果大部分死了，还有失踪的，只剩下一个女儿；太太因为哭儿女的原因，双目都瞎了；家里也很贫穷，衣食不济，为什么会有这样的果报呢？恶念不肯改，也根本没意识到。在私居独处的时候，你起贪念、淫念、嫉妒念、褊急念、高己卑人念，还有忆往期来的妄想，恩仇报复的念头，是非人我，全结集在胸中。你被灶神、上帝记录的恶太多了，逃祸还逃不过，你还希求什么福报呢？

要尽快断恶修善。

俞净意公听了以后，这才猛醒。从此下大决心断恶修善，结果用三年的时间，他的命运真的就改过来了。感应真是不可思议！《太上感应篇》最后讲到"三年天必降之福"，三年福报就现前了，证明灶神真的有。

【凡人有过，大则夺纪，小则夺算。】

这是本章的结劝：凡是人，犯了过失，大的罪过就要夺一纪寿命，一纪十二年；小的罪过就要夺一百天的寿命，夺完为止。所以，人如果真的是纯净纯善，他就长寿，如果老是起恶念，老是干坏事，寿命就缩短了。

【其过大小有数百事，欲求长生者，先须避之。】

这句话是讲，罪过的名目繁多，大大小小有数百事。何为大过，何为小过呢？标准也可以不同。如果这个心是想祸害一国甚至一个地球的众生，这是大过如果自己有一些习气毛病只是对自己不好，那叫小过。偶尔犯的也叫小过。小过也是过，小过不改，日积月累成为深重的过失就是大过。总之，名目繁多，有数百事，有几百件。《太上感应篇》在后面的恶因恶报这一章里就给我们罗列了一些，但那只是一个大的名目，略述而已，还不够详细，如果要细说那些恶是说不尽的。《地藏菩萨本愿经》里讲，大大小小的地狱多得不得了，数目不可计量，刑具也多得不得了。为什么呢？因为人造的恶业大小不一样，论起名目那可是说之不尽的。

"欲求长生者，先须避之。"道家很注重修长生不老，希望修道成仙。仙人很长寿，可以长生不老。我们知道，作地仙要修三百件善事，作天仙得做一千三百件善事，所以成仙是建立在断恶修善的基础上。太上提醒我们，这些恶事恶念"先须避之"，没有立三百善之前，没有立一千三百善之前先要避免造恶。《了凡四训》里面给我们讲："未论行善，先须改过。"没有改过就像一个容器有漏洞一样，善业装不进去，装进去就漏掉了，所以，先要避这个过失。避过就是避祸之道。我们的灾祸都是因为恶业召感来的。

修长生不是找灵丹妙药，身体健康也不一定要吃什么补品。我们的恩师八十多岁了，身体还很健壮，精神也很好，每天讲课两小时。我也是讲课两小时，觉得还是蛮辛苦的，可他老人家驾轻就熟，体力跟我们年轻人一样。他长寿健康的秘诀在哪里呢？就在于修清净心，把恶念都改掉，善念永驻，这就是修清净心，这才能得到永生。我们希求永生，是希求往生极乐世界，那叫无量寿，那才叫真正的永生。要修永生就要"先须避之"，要先把《感应篇》上提到的那些恶的念头断掉，善的念头要生起来，这一生才可能有把握往生净土。

善因善果

前面我们一起学习了《太上感应篇》的题目所含的意义，以及头两章，第一章是总纲：祸福无门，惟人自召；善恶之报，如影随形。这是《感应篇》整篇的开宗明义，为我们指示善必有善报，恶必有恶报，吉凶祸福全在人的善恶感应。第二章太上老君指出：我们人的起心动念，言语造作都受到天地鬼神的监察。天地鬼神会按照我们所犯的这些罪过，减我们的寿算，最后福报削减殆尽，人就要死了。所以，人明了善恶非常重要，想要得到福报的人首先要明了什么是善，什么是恶。今天我们来一起学习第三章：善因善果。来看看哪些是善：

【是道则进，非道则退。】

这句是善因善果这一章的总说。合乎道的就是"是道"，这个道是指天理，是指我们的良心，在佛法里称作性德。合乎性德，合乎天道人心的那就要去做，不合乎性德，不合乎天道人心的就是"非道"，就要退避。这是善恶总说。由此我们知道，"是道"与

"非道"的衡量标准就是我们的自性性德。古圣先贤所说的这些道理都是自性性德的流露。老子、孔老夫子、释迦牟尼佛他们都是见到本性的圣人，所以，他们所教诲的就是是非的标准。"是道则进，非道则退"，这两个"则"字给我们一个非常深的印象，它是表明凡是合理的，合乎天道人心的我们就要去做，没有丝毫的犹豫。不合乎天道人心的就是"非道"，就赶紧退避，以免恶报会现前。这也是教我们在念念当中都懂得省查自己，修持的根本下手之处就是自己的念头。

明朝的袁了凡先生经过云谷禅师的点化之后，总结反省了自己，才知道有哪些毛病习气致使自己没有福报。孔先生给他算了命说他没有儿子，没有功名，而且短命，只能活到五十三岁，了凡先生自己反省确实有很多"非道"。

没有功名的原因是因为自己不能够积功累德，不能够耐烦做事，又不能够包容别人，还时时以自己的才智去盖人家，就像底下讲的"每好矜夸"，讲话做事都非常莽撞、轻率，不思后果，所以，就容易得罪人。这些都是薄福之相。

怎么能够得科第呢？有科第的人、有功名的人都是有福相的。福相从哪里看呢？就从人的言语造作上看。因为人的言语造作全是自己心的流露。自己心里有什么样的念头，就会有什么样的语言，身体就会有什么样的相貌，瞒不过人。所以，有智慧的人从这个人的容貌、言语、动作就能看出他的吉凶祸福。

没有儿子的原因是自己有洁癖，喜欢干净，一点脏的东西都容纳不下，不耐烦，不能包容这些肮脏，也没有包容别人过失的这种雅量，而且容易发脾气、善怒。没有和气。心地没有仁爱，见到有人值得怜悯的时候也不加以怜悯，忍心去舍弃。看到人家需要帮忙也不去帮，不肯去救人。自己有很多不好的生活习惯，比如说爱喝酒，晚上不睡觉，通宵达旦地静坐。现代人也是通宵达旦，但是他们不是静坐，而是打麻将、看电视，这些都是不良习惯，不知道保存自己的精神。另外他爱讲话，多言耗气，这些都是没有儿子的原因。所以，怎么能怨天尤人呢？全都是自己的造作，自己的感应。

了凡先生悟出了自己的"非道"，难得的是他能勇于改过，"非道则退"。这些过失毛病慢慢地改过来了，然后在"是道"方面他就去勇猛精进地做，真正到了战战兢兢的地步，不敢得罪天地鬼神，真是"诸恶莫作，众善奉行"。他发誓行三千件善事，十年圆满后，又发愿行三千件，第二个三千件善事三年就圆满了，他又发愿做一万件善事，这一万件善事一念之间就完成了。他是如何办到的呢？原来，那时候他做了一个县官，为全县的百姓减粮减税，减了一半，使万民受福，这一念就把一万件善事圆满了。善有善报，他的果报现前了：

孔先生给他算的命最多是秀才，不能中举，更不可能中进士，但是他考上进士了；本来命中无子，但他却有了两个好儿子；本来五十三岁应该寿终正寝，但是他却活到了七十三岁。《了凡四训》是袁了凡先生在六十九岁的时候写给儿子的家训。

所以，对于"是道"和"非道"，抉择不同，果报就不一样。

佛法讲的"是道"、"非道"跟世法说的有所不同。世法上讲的"是道"是通常我们所说的伦理道德，包括一些礼仪、规范，法律、规章等。佛法里讲的完全符合性德，恩师把它归纳为三福、六和、三学、六度、十大愿王五个科目，这就是"是道"，净宗学人要修学这五个科目，我们要勇猛精进。在这里我们就不展开了。如果大家想对这些名相深一步了解，可以看恩师的《三皈传授》或者是《认识佛教》，这上面都有很清楚的说明。总说以后，太上就给我们一条一条地来讲"是道"：

【不履邪径，不欺暗室。】

这句话是讲不走邪恶之途，不在暗处去自欺欺人。太上告诉我们，凡是邪恶之途，不利于我们修养道德的这些路不能走，邪恶的事情不可以去做。这个"邪径"，不但包括我们身体的造作，邪而不正的事情不能去做，也包括我们的念头，念头不能起邪思，把自己的心地要打扫得干干净净，光明磊落。在暗室里面也不能够自欺欺人，不要以为做一些亏心的事，伤天害理的事，欺骗别人，别人也看不到，实际上鬼神都在监察。所以不可以自欺，欺骗自己的良心，昧着良心，哪怕动一个邪念都不应该，鬼神都知道。这用的是主敬存诚的功夫。"不履邪径，不欺暗室"，在佛法里讲是发菩提心，是用深心，也就是好善好德之心。在儒家是告诉我们要培养慎独的功夫。一个人真正的品德修养从哪里看呢？自己怎么检验呢？就在独处的时候观察自己的心念：到底是损人利己的，还是大公无私的？

这里跟大家讲个故事。在汉朝,有一位太守叫杨震,他提拔了一个年轻人,有一天这个年轻人就提着礼物来向他致谢。但是杨震非常清廉,绝不会因为提拔人而收取人家这些感恩的钱财。这位年轻人就跟杨震说:"您就收下吧。反正现在是晚上了,谁也不知道啊。"杨震就很严肃地对他说:"今晚的事,天知、地知、你知、我知,怎么可以说谁也不知道呢?"那个年轻人觉得很羞愧。这就是历史上著名的"杨震四知"。可见杨震在暗室当中都不自欺欺人,这是廉洁。廉洁的官员就会受到大家的尊敬。

我在广州中山大学岭南学院念书的时候,院长叫王平山,他是原广东省副省长,退下来之后任岭南学院的院长。他曾经是我母亲读中学时的广州华南师大附中的校长。当时我母亲中学毕业之后,这位王校长就被排挤下来了,当了一般的文员。因为我妈妈非常感恩他,所以就特地请他到家里吃顿饭以感谢这位校长。所以,校长对我母亲的印象非常好。他做了副省长还跟我妈妈说,"你有什么困难可以来找我",我妈妈也没有什么事找他。一九九一年我考大学,因为报考的中山大学岭南学院是全省最好的专业,录取分数在全省是最高的,所以考上自己想去的大学很不容易。于是我妈妈就跟王院长打招呼,希望他能够提拔一下。王院长非常守原则,他就跟我妈妈说,如果你儿子分数达到了,那一定是没问题。如果是分数达不到,那我也没办法,这个规矩不能被我给破坏了。

考试完了之后,我的分数过线了,也顺利地被录取了。我妈妈还是很感谢他,就让我包了一个红包,钱不多,只有两百块钱人民币，送给他作为一点感恩，请他去喝茶。可是过了两天他就把这信封退回来，还附了一个纸条，上面写的是："我们是师生之谊，你不可以用这件事情来坏我的名节。"当时我和我母亲觉得这位王院长真是非常廉洁。他是广东省著名的教育家，他退休后还在深圳办了一所中学，专门收那些非常难教养的中学生。2006年，这位八十多岁的老校长去世了，我和母亲都非常怀念他，特别给他老人家在澳洲净宗学院三时系念里面立了个牌位，把功德回向给他。所以，真正为人清廉的人一定会受到大家的爱戴。请看下面一条：

【积德累功。】

上面讲的"不履邪径，不欺暗室"加上这个"积德累功"都是教我们要心地存诚。这个"积德累功"是指在心上处处想着积德。"功"，就是善事做完了，就有功德。所以，我们要天天做，日日做，这个功德要不断地去累积，不可以停顿。道家讲：成地仙要修三百善事，成天仙要修一千三百件善事，这都是指积德累功。在《俞净意公遇灶神记》这篇文章里，我们看到，灶神爷化身教导俞净意公要积德累功，那些贪淫、妄想的杂念要打扫得干干净净，用猛力去除，只理会善，不要想恶。做善事不图报，不求名、不求利，老老实实、诚诚恳恳耐心地去做。只要有能力做的善事就一定努力去做，哪怕是别人批评、讥讽，也要做下去，要有忍耐心，要有恒心，一直坚持做下去，就能够积德累功。长久地做下去，不知不觉命运就改变了，心地就越来越慈善，相貌也都能够有所改观，变成一个善人。下面一句：

【慈心于物。】

这句话是讲要修养慈悲心，对待一切的众生都要仁爱。我们知道一切众生，哪怕是蚊虫蚂蚁、蜎飞蠕动的生灵都有血气，都有灵性，都有知觉。既然它有知觉有灵性，我们也是有知觉、有灵性，那么深一步说，我们能知能觉的灵性跟这些小动物能知能觉的灵性是一个性。所以，我与众生是同体，这个道理很深。在佛经里面讲诸佛同体，诸佛包括过去、现在、未来三世诸佛，现在的众生就是未来诸佛，都是同一体，这一体就是我们的灵性，我们的自性、佛性。所以，慈悲众生就是对自己的慈悲。真正明白这个道理，怎么会去伤害那些众生呢？哪怕是走在路上都要小心，不能踩到蚂蚁。古人讲：爱鼠常留饭，怜蛾不点灯。因为怜惜老鼠，晚上还留一点饭给它吃，可怜飞蛾，晚上不点油灯（怕飞蛾扑火受到伤害），真是仁慈到极点了。

除了不能杀害动物，我们还要进一步去放生。过去没有学圣教，可能杀害过很多生命，那么，现在就要通过放生来还债。动物都通人性的，我们去放生就常常有这个经历，当我们的船驶到河中央把鱼、泥鳅放到河里后，这些小鱼和泥鳅都围绕在船旁边，有时还冒出头来，有时还跳出水面，表示欢喜、感恩。如果是真正有慈悲心的人，那一定是吃素，绝不忍心吃众生肉。

吃众生的肉将来会有果报。我以前遇到一位广州的同修，他已经六十多岁了，患有严重的风湿性关节炎，两条腿都不能弯曲，每一天都痛得要命，他说这都是杀生的果报。他年轻的时候很喜欢吃青蛙，因为青蛙腿上没有肉，就拿刀把腿给剁掉，剁了不知多少青蛙腿，导致现在他的腿像刀砍一样的疼痛，这是现报。

"净业三福"里面第一福"孝养父母，奉事师长，慈心不杀，修十善业"，"修十善业"里就含有不杀，单单把"慈心不杀"列出来的用意很深：告诉我们一切众生之所以有这些苦难，大部分都是杀生害命导致的。世间之所以有战争，那也是因为众生吃肉等杀业所致。所以古人有一句话讲：若知世上刀兵劫，但听屠门夜半声。你想知道世上战争的原因，就在晚上听听屠宰场那些撕人心肺的叫喊。宰猪时，从猪的叫声中，我们就可以想见，将来的灾难也是不容易化解的。

所以，我们自己要谨慎防范，因为在大灾难当中，共业之中还会有别业，我们努力断恶修善，就有希望幸免于难。下面一条：

【忠孝友悌。】

一条是讲对君长、对祖国、对人民要尽忠，对父母要尽孝，兄长对弟弟要友爱，弟弟对兄长要尊敬。"悌"就是尊敬。这都是伦理道德。人生来必定会面对五种关系，所谓父子、兄弟、君臣、夫妇、朋友，这五种关系叫五伦。在五伦关系当中每个人要做到自己的本分，尽到自己的义务。所以五伦有十义，就是：父慈子孝, 兄友弟恭, 夫义妇听, 君仁臣忠, 长惠幼顺。兄长对弟弟要有恩义, 弟弟对兄长要恭顺。我们都知道, 这些伦理道德是人的本分, 也是性德。我们看到从古到今, 真正为国尽忠的人一定是尽孝之人, 古人讲"忠臣出于孝子之门", 一个人在家里是个孝子, 对父母能够爱敬, 他对祖国就能够尽忠。南宋时候, 岳飞的母亲含辛茹苦把他拉扯大, 他对自己的母亲很孝顺, 以后考了状元, 领兵打仗, 母亲在他背上刺了"精忠报国"四个字, 岳飞真的是做到了母亲对他的期望, 对国家尽忠了。

我们知道, 孝是一种心态。什么心态呢? 跟父母是一体的心态, "孝"是一个会意字, 非常有智慧, 上面是个"老"字头, 下面是个"子"字底, 看到这个字就能够体会它的含义。它表明老一代和子一代合二为一, 是一体的, 这就是"孝", 所以, 真正跟父母是一体。实际上我们的身从哪儿来呢? 还不是从父母的细胞那里来的吗? 这本来就是一体啊。从古到今, 我们看尽孝的人都有大福。

浙江有一位叫刘霆的年轻人, 十九岁, 家里很穷, 跟他母亲相依为命, 他母亲患了尿毒症, 要换肾。2006年, 刘霆刚刚考上了大学, 他决定不去念了, 要在家里伺候母亲, 母亲就劝他一定要念下去, 刘霆才决定上学。他把妈妈背到学校去, 在学校旁边租了一个小公寓照顾母亲, 白天去上课, 晚上就回来照顾母亲, 等母亲休息了, 自己才做功课, 每天如此。另外还打工, 赚一点生活费。他母亲要做换肾手术, 他就决定把一个肾脏捐出来给母亲。这件事情后来传出来, 感动了社会上很多热心人士, 大家纷纷解囊相助，一家医院还发心免费为他母亲移植一个肾脏，后来他母亲手术也很成功。由于大家捐的钱很多，刘霆觉得不可以以孝顺母亲为名来敛财，于是他把剩余的钱集中起来，成立了一个爱心基金，用这个基金来救济那些跟他一样的贫困家庭的孩子。结果，全国人民都为之感动。看看这个孝子得到的果报：虽然出身贫寒，但是因为他有这个德，全国都有知名度了。名利是世间人都渴求的，他这个德召感的就是名利。当然，他自己不会去贪图名利，这是他的福报现前了。

我2006年到台湾去演讲《因果轮回的科学证明》时，遇到菩提净宗学会的会长刘明德，这是一位大孝子，他是个牙医，家里很富裕。他非常孝顺母亲，自己一辈子没结婚，在家里侍奉母亲。以前由于不懂佛法，每天买很多海鲜供养妈妈，孝养母亲。他妈妈吃到最后业报现前，得了癌症，瘫痪了，他自己也得了癌症。吃海鲜，杀生太多了，虽然是孝心，但不懂因果。后来学佛了，知道自己错了，痛哭流涕。为了忏悔业障，他以母亲的名义把自己的一栋楼捐出来做净宗学会，欢迎大家来念佛，大家念佛也回向给他母亲。每天他还用轮椅推着母亲去公园散步。后来母亲发愿求生净土，走的时候也很殊胜，大家都给她助念。走了以后，这位孝子就老老实实照着《地藏经》的教导，凡是善事他都拼命做，比如放生、印经以及其它慈善事业，每天念佛回向给母亲。有一天他念佛共修的时候，在定中突然看到阿弥陀佛，阿弥陀佛很庄严，身体很高大，还看到很多小动物，鱼、虾等，从他身边的一条河流跳起来，慢慢升上去，那些小动物一边升就一边变成人的形状，越变越大，他抬头一看，阿弥陀佛在上面，观世音菩萨、大势至菩萨都在上面。大势至菩萨把莲花安在每一个小众生的脚底下，观世音菩萨就在每个人的头上滴一滴杨柳枝的水，一滴上水就发现那个人突然变得像观世音菩萨、阿弥陀佛一样大，站到阿弥陀佛背后，他再一看，他的母亲也站在阿弥陀佛身后一个大的莲花台上。他很高兴，就想抱着阿弥陀佛的脚，这一抱就把阿弥陀佛的脚给抱住了，他本来觉得阿弥陀佛的脚很大，抱不住，没想到一下就抱住了，真的是大小不二，抱住以后他就拼命哭。后来因为共修敲地钟，一转板的时候他就突然惊醒，这个境界就消失了。这就是他所看到的一幕。他心里就明白了：他母亲已经往生净土。这不是做梦，是他在定中看到的。这是孝子一片纯孝之心，为他母亲积功累德。

所以，成佛正因，净业三福里的第一个就是孝养父母。有这个纯孝之心，菩提心才能发得出来，他的真诚、清净、平等、正觉、慈悲的心才能现前。由此我们也可以知道，不孝之人念佛也不能往生，因为他没有发菩提心，恩师讲的真诚、清净、平等、正觉、慈悲心没发出来。所以，要真正从孝上面下手，非常重要。

"忠"和"孝"其实是一体的，"孝"是本体，"忠"是作用。孝心和忠心是一个心，不是两个心，对父母尽孝之人就能够对祖国人民尽忠。"忠"是上面一个"中"，下面一个"心"，表示什么呢？用心不偏不倚。儒家讲中庸，佛家讲中道，这是真心。真正有忠心的人，凡事都讲求中和，他待人处事接物自然就能跟人和谐。所以，我们希望我们这个团体能够成为六和敬的僧团。僧团不一定是出家人，四众同修在一起和睦相处，修六和敬的也叫僧团。僧团的出现，对这个世界消灾免难会起非常大的挽救作用。怎样达到真正的六和敬呢？必须要有忠孝。忠，是样样不偏不倚，行忠道自然就能和，孝是真诚一体的观念，从我跟父母是一体的观念扩展到我跟这个团体，跟全国人民、全世界人民，乃至法界众生是一体。佛菩萨都是这样思维的，这是佛菩萨的心态。佛菩萨看一切众生和我一体。众生是我心中所现之物，那当然与我是一体。他真正做到大慈大悲、救度众生不讲条件。为什么呢？救度众生就是救度自己，自度就是度他，度他也是自度，这是不二法门。所以，佛菩萨真正是把忠孝做到圆满。孝者，孝顺一切众生，与一切众生为一体。忠呢，是对法界众生敬重服务，以正直、中道的心来服务，毫无私心，这是忠孝达到了极点。阿弥陀佛就是这样，他建立了西方极乐世界，接引法界众生，目的就是让众生到这里成佛，圆满地离苦得乐，这是尽忠尽孝。

我们一般说，对父母尽孝有三个层次：孝养父母之身，孝养父母之心，孝养父母之志。孝养父母之身，就是让父母衣食无忧，对父母的身体也要照顾。孝养父母之心是让父母生欢喜心，不要有忧恼，不要有恐惧，最好的方式是让父母学佛，学佛了他就没有恐惧。我父亲原来对佛法也很有偏见，好多年都反对我学佛，我们是想尽方法，用各种方便善巧才让他进了佛门。现在他能够每天读好几部的《无量寿经》，在家里听经、念佛、求生净土，自己的烦恼自然就减少很多了。孝养父母之心，这个心也是指父母的心性，让父母觉悟，回归本性，明心见性，见性成佛，这是真正孝养父母到极点。孝养父母之志就是自己能够好好地去积德累功，修行、改过自新，完成尽孝的责任，实现父母的大志。父母希望我们出人头地，希望我们服务大众，我们发大愿，普度众生，服务的是法界众生。孝养父母之志就非常圆满了。所以，真正学佛，那就是尽孝、尽忠。

友悌是讲兄弟之间。在家里必定会有同辈的兄弟姐妹，包括表兄弟、堂兄弟。兄弟姐妹的和睦就是对父母的尽孝。《弟子规》上讲"兄弟睦，孝在中"，父母都希望自己的儿女们互相关怀，互相爱护。如果兄弟姐妹之间因事争吵，那父母是最痛心的。所以，现代人，很多兄弟之间因为一些小利、小冲突竟然会反目成仇，这都是大不孝。《弟子规》上讲"财物轻，怨何生"，兄弟之间的争执大部分都是因为财、利上的事情，或者是父母走了，兄弟之间分家产，或者父母在世的时候，兄弟之间抱怨父母所分的财物不公，这都是重利轻义。真正尽孝的人自然会对兄弟姐妹爱护，因为跟兄弟姐妹也是一体的。像我母亲，她就是一个孝女，她对自己的母亲，也就是我的外婆，非常孝顺。我外婆生前的时候，大部分时间是我母亲陪伴她。每次逢年过节，我母亲就邀请亲戚朋友们共聚一堂，在老人家那里共享天伦之乐，让老人家开心。老人家走了以后，这个活动继续做下去。逢年过节，我妈妈也必定召集大家一起来叙一叙，也以此机会来缅怀父母的恩德。我妈妈对兄弟姐妹都非常照顾，她是最小的，有哥哥，有姐姐，经常在经济上、精神上都帮助他们。我母亲常常请我舅父、姨妈去旅游，去参访名山大川，参访道场古刹，帮他们种善根，能够有机缘学佛。在我母亲的带动下，她的哥哥姐姐们都学佛了。我妈妈很懂得教育，不仅是教育我，而且把哥哥姐姐的孩子们也都当作自己的孩子一样去教育，真的是悌道做的很好，用这种诚心爱心对待自己的哥哥姐姐，换来哥哥姐姐对小妹的爱护。我母亲跟我一起在澳洲生活的时候，广州的家，就是由我舅父、姨妈帮着照顾的，而且他们还经常在各种方面都帮助我们，这都是兄弟姐妹之间的友悌。他们觉得很幸福、快乐、美满。真正做到忠孝友悌，我们自己就能得到幸福快乐的果报。下面请看：

【正己化人。】

前面一段"不履邪径，不欺暗室，积德累功，慈心于物，忠孝友悌"，就是讲正己，即自己端正自己。积善积德，自己端正了，自然就能教化别人。如果自己不正，想要教化别人这是不可能的。《论语》里面讲到"其身正，不令而行；其身不正，虽令不从"，就是要自己先做到，你再去教人家，别人才听你的，自己做不到，怎么让人家信服呢？父母教导孩子学习《弟子规》，有的教得很好，有的没有效果，为什么有不同的结果呢？就是因为有的父母做到了，有的没做到。恩师经常强调《弟子规》不是用来让孩子背的，是让父母按照《弟子规》上所教导的去做，表演出来给孩子看，让孩子看到父母是这么做的，他对《弟子规》就能够理解了。比如说"父母呼，应勿缓"，孩子可能不懂这句话是什么意思，父母就要做给他看，爷爷奶奶一叫，父母立即就"应勿缓"，孩子就懂了，他就知道怎么做了。所以，要教化别人，首先自己要端正。我们学佛的人也要这样。佛陀教育为什么到现在这么衰落，远不如古时候？这是佛弟子自己的责任，我们自己很惭愧，没有做一个好样子，社会大众看到佛门弟子都是这个样子，就看不起我们，看不起我们就看不起佛教。我们真正要令佛教发扬光大，首先自己就要做到，做到了就能教化别人。自己没做到，任凭嘴说得头头是道，别人听了还是不相信，因为他没看到好样子。

恩师为什么法缘这么殊胜？他推广的《无量寿经》，全世界有很多人在读诵，很多人都在修学这部经典。现在恩师讲《华严经》，每天收听收看的人也有很多，大家都愿意依教奉行。原因是什么呢？恩师自己做到了，做到之后再去说，能够让人信服。所以，他的法缘才能这么殊胜，有这样的名望，也是实至名归。

恩师八十多岁了，坚持每天讲《华严》。除了去外面做一些救世的工作，如推动宗教和谐，推动伦理道德的教育等这些工作以外，每天讲经至少两小时，从容潇洒。我们年轻人每天讲两小时，备课都很紧张，觉得自愧不如。恩师每天除了讲经两小时外，还至少读书四个小时以上，其他的时间也都在学习。作为年轻人，我现在不敢怠慢，发心跟随恩师学习，2006年底把我在昆士兰大学教授的工作辞掉。看到恩师都这么做，如果我们怠慢，那怎么忍心？恩师是正己化人，他都不用说，我们就不能不精进努力。请看下面一条：

【矜孤恤寡，敬老怀幼。】

　　这一条是讲对鳏寡的人要加以怜悯，要救济他们；对于衰老的人要敬重、爱护；对于年幼的人要关怀、照顾。我们知道人一生最不幸的就是到晚年变成孤寡，女的失去丈夫，男的失去太太，鳏寡孤独，心里非常寂寞、烦恼，我们应该爱护他们，正如爱护自己的父母一样，这是善良的表现。

　　对待孩子，特别是对未成年的要懂得关怀照顾，不仅是在他的身体上懂得照顾他，更重要的是要引导他的思想走向正路，"不履邪径"。一个小孩要是小的时候就学坏了，大的时候就很难救了。所以，关怀幼小最重要的是让他走上正路，善巧积极地用伦理道德来教化他，用《弟子规》来教化他。

【昆虫草木，犹不可伤。】

　　昆虫和花草树木都不应该伤害。这一条也是讲慈悲心，佛经上讲，凡是有血气的昆虫：蟑螂、蚂蚁等都有知觉，有知觉的必定有同一个体性，换句话说，它都有佛性，都是未来诸佛，因为前生造业所以才堕落畜生道，堕落为小动物，福报虽小，但是不可以看不起他们，它们的佛性跟我们无二无别，它跟诸佛也无二无别，怎么可以伤害他们呢？花草树木也是有灵性的，花草树木都会有神，花有花神，草有草神，树有树神，山林川原都有神。花草树木是他们的家，你伤了它就等于破了它们的家，所以，花草树木都不可以伤。佛经上讲：清净比丘不踏青草。真正持戒律的清净比丘，慈悲心重，连小草都不忍心去践踏，能够绕道走的尽量绕道走。要用这种恭敬之心去爱护它们，不能够任意去践踏，这是养自己的慈悲心。

佛经里记载这么一个故事。有一天佛在讲法时，旁边有一只癞蛤蟆听得很欢喜，听得很至诚。这时恰好有一个人拄着拐杖走过，不小心一下子就把它刺死了。癞蛤蟆因为听经的功德往生到忉利天，后来又回到佛菩萨说法的地方来聆听佛的妙语，就在这个时候，它以忉利天身证得了须陀洹果。你看癞蛤蟆这么一个小动物都能证得这么高的一个果位，怎么能够轻视这些小动物呢?

草木也确实都有灵性，你用爱心对待它，它会有知觉。我们有一位居士同修，出家前她住的房子很大，带有花园，她父亲每天去浇花，但是没有浇草。有一天晚上这位居士就梦见一群小孩子来求救，说:"我们快干死了，你得赶快给我们浇水。"

"你们是谁啊?"

"我们是你家院子里的小草。"

第二天去看，果然看到那些小草都干枯了。她赶紧灌溉，给它们浇水救它们。所以，花草都是有灵性的。这些都是"昆虫草木，犹不可伤"，表示仁慈。

下面讲的行宜。宜就是应该要做的，哪些是应该做的呢? 这里有四条。请看第一条:

【宜悯人之凶，乐人之善。】

"悯人之凶"就是怜悯别人因为作恶而召来的凶灾,"乐人之善"就是对人家行善得善报感到心里很欢喜,以此为乐,这叫随喜功德。要知道一个人生来本性是善的,《三字经》头一句话就说"人之初,性本善",他本来是好人,小的时候没有受到圣贤教育,没有被教育好,或者家里不懂,《无量寿经》上讲的"先人不善,不识道德,无有语者,殊无怪也",他们的父母长辈不懂得教化他,才导致他今天到了这个地步,不可以去怪他。他作恶那是他糊涂,往往是一念之差,作了糊涂事,犯了罪,受到了惩罚或者受到了报应,这是得到凶灾。这个时候我们不能够笑他,更不能够对他发脾气,骂他活该,这样不对,要生怜悯之心。

看到人家做善事得善报,我们不能够生妒嫉心,应该懂得随喜功德。他做了善就如同我做了善一样,他得到善报就好像我得到善报一样,同样欢喜,这是同体的心。

恩师在这方面做出了很好的榜样。老人家非常慈悲,看到有人受到灾难,如果能够救,他一定会救,特别是重大的灾难。2004年底印尼遭受海啸大地震,吞噬了几十万人的生命,印尼政府的压力很重,当时印尼多元文化协会也组织救援工作,恩师主动捐款给他们,我记得当时捐的钱差一点就能补一个整数,于是我就拿出五千块钱澳币来补足这个整数。我们跟着恩师学,恩师带头,我们跟在后面,"悯人之凶",他们国家有灾难,我们同情、怜悯他们。现在世界面临着很多的天灾人祸,为什么会有这样的情况发生呢?因为人心不善所致。所以,救人脱离凶灾要救到根本处,就是要转化人心,让人从迷惑颠倒造恶业那里回头,就不会有凶灾了。

恩师每天苦口婆心地讲经劝化，而且尽量地做宗教和谐的工作，推动伦理道德教育的工作，宗教和谐是世界和平的一个重要因素。宗教能和谐，就会给整个世界和平带来很大的稳定力量。所以恩师不遗余力地去做。新加坡宗教和谐做得很好，恩师用了三年多的时间，把新加坡九大宗教团结得像一家人一样。为什么能得到这样的效果呢？因为恩师是正己化人，他主动帮助各个宗教，各个宗教受他的感化，也能学着互相爱护、互相帮助、团结友爱。

这是真正"悯人之凶"，不忍心看到众生造恶业受苦难，所以不遗余力地去教化。下面请看：

【济人之急，救人之危。】

这是讲帮助他人的急难，救助他人的危困。救人急难，把人家从危险当中救出来，这个是很大的功德。古人讲，救人一命，胜造七级浮屠。浮屠就是塔，造塔的功德是很大的。救人一命的功德胜过造七级塔的功德，晚年的果报一定很好。

我父亲现在晚年就不错，自己有退休金，我也给他供养，衣食无忧，生活很安定，另外他能够学佛，发愿往生净土。别人都很羡慕，说他晚年真的是福报现前：儿子也很有出息，在美国拿了博士学位，年纪轻轻就当上了教授。我想这也跟父亲在年轻时积德行善有关：父亲过去是军人，在一次实弹军事演习中，有一个新兵拿了手榴弹撕爆了之后就要扔，结果由于害怕，扔得很近，就在前面几米远。我父亲和好几个战友都在旁边，手榴弹一爆炸，大家都得死。就在这个非常危急的时刻，我父亲几步冲上去就把手榴弹捡起来，然后猛地一甩手，就把手榴弹扔出去，又赶快把战友摁倒，结果手榴弹就在他刚甩出的时候爆炸了，手榴弹被扔远了一点，杀伤力也没那么强了，战友都被他摁下去了，也没事，唯独我父亲那个手扔出去还没收回来，来不及卧倒，右肋被弹片击中，受了重伤。做完手术后三天还昏迷不醒，命差点都不保，后来还是活过来了。大难不死，必有后福。这就是"济人之急，救人之危"，晚年有福报。请看下面一条：

【见人之得，如己之得；见人之失，如己之失。】

这句话是讲，看见别人有所得，就如同自己得到了一样高兴，看见别人有所损失，就如同自己损失了一样，同情他，怜悯他。真正的慈悲，真正的仁者，他一定是与众生一体，众生得了就如同自己得了，很欢喜，这就是普贤菩萨所说的"随喜功德，恒顺众生"。人家成功，不可以妒嫉，如果妒嫉，心里就长肿瘤了。说实在话，妒嫉别人，于人毫无损害，是自己造罪业。为什么偏偏因为人家得到成功了，而自己要堕落呢？这是自寻堕落、自寻烦恼。我们年轻人要特别注意妒嫉心。记得在2001年，我去新加坡拜见恩师，和恩师一起喝茶，当只有我们两个人的时候，我就趁机向恩师请教："老师啊，我现在学佛也好几年了，现在您看我身上还有哪些毛病？请老师给我指出来，我好改正。"恩师过了很久都不说话，通过这个办法让我的心定下来后，他淡淡地说了一句："要放下嫉妒心。"恩师的这句话给我留下了很深刻的印象，回来观察自己、反省自己，确实是有嫉妒心。"见人之得，如己之得"，自己没有真正做到。看到人家有善事，有功德，自己是否生欢喜心，如果没有，说明这里还是有嫉妒，要放下。人，生生世世轮回不休，就是被这些嫉妒、我执给害惨了。所以，比如看到别人法缘殊胜，我们要随喜赞叹，要这样想：幸亏有他出来教化众生，能够让众生觉悟；本来我也应该这么做的，现在他做了，我很欢喜，感恩他。不可以有任何嫉妒的心理。接下来请看：

【不彰人短，不炫己长。】

这条讲的是不要张扬别人的短处，不要炫耀自己的长处。张扬人家的短处就是说是非，揭人家的短最容易跟人家结怨，而且要遭天怒的。我们要懂得，人家有短处应该加以同情，能够包容。如果他有过失，我们包容他，他就能够惭愧，就能够改过。如果我们把他的短处、过失张扬出去了，他只会怀恨在心，他就不会改过了，等于断了人家改过自新的路。"不炫己长"是不能炫耀自己的长处。哪怕自己在这方面很有本事，都应该韬光养晦，谦卑下来，不可以去张扬。这一条我自己反省也是要特别注意的。过去很爱张扬自己，有一点了不起的地方，就觉得沾沾自喜，善于表现。这些都是浅薄的表现，要改，特别是读书人、知识分子最容易犯这条。

在佛经里面有一个故事，讲的是彰人短处的因果报应不得了。《贤愚经》里面记载，在释迦牟尼佛之前，有一个出家人，是个小沙弥，有一次跟一位老比丘一起念经，因为这位老比丘有生理的缺陷，念经念得很难听，结果这个小沙弥就笑这位老比丘："你念经怎么像狗吠呀？"刚说完这话，老比丘就跟他讲："你知道我是谁吗？我已经证得阿罗汉果了，你嘲笑阿罗汉那是造地狱的业。"这个小沙弥听了非常害怕，马上跪下来求忏悔。求忏悔可以帮助他脱离地狱，但是他还是堕了五百世的狗身。他骂人狗吠，结果自己做了五百世的狗，最后一世当狗的时候正值释迦牟尼佛的时代，佛智慧第一的大弟子舍利弗，他用神通观察到这个狗正在被它的主人责打，主人不知道为什么如此气愤，把它的四条腿都打断了，然后把它扔到一个沟渠里面，那只狗很疼痛，心里很悲伤。这时候舍利弗就用神通化现，拿了一钵饭喂这只狗，然后给狗说法，为它授三皈依，结果这只狗不久之后就命终，投胎到了人道。舍利弗又用天眼观察，找到了这个家庭后，就度这个孩子出家了。出家以后不久，这个孩子就证得了阿罗汉果，之后看到自己前五百世竟然是狗，业因就是讥笑一位圣贤，这是前生彰显人短处的报应。所以，造口业不得了。孔老夫子也说：扬人之恶，斯为小人。世间人爱说人短处的都是小人，正人君子怎么会说人短处呢？请看下条：

【遏恶扬善。】

这里也是讲隐恶扬善。对于恶行恶事要阻止,要掩盖它;对于善行要多加赞扬,彰显出来,目的是为了让大家懂得断恶修善。恶的事情我们不说、不看,而且尽量地去阻止,他实在要干,我们不理他,也不去宣扬,让造恶的人有机会回头;对善事大加赞赏,让大家懂得什么是善事,能够效仿。现在的媒体,这些新闻广播,特别是外国的媒体报道正好跟这条相反,它是什么呢?扬恶遏善,他不报道善的东西,有坏的事情,杀人放火的,杀盗淫妄的都拿来报道,让人看了之后觉得这个社会怎么这么乱呢?有些做恶事的人看到后就会有这样的感觉:你看别人都干了这么坏的事,我跟他比还远不如呢,造恶也无所谓。现在对于冲突、战争的报道也是过分渲染,一些媒体包括网络,都过分渲染了种族宗教的冲突;本来没这么多冲突,结果一宣扬,全世界都引起了种族宗教的互相冲突。恩师曾让我代表他参加联合国教科文组织的一个和平会议,讨论的主题是如何改革媒体,报道不能只报道负面,要多报道善的。在会上有一位来自伊拉克的女士,她跟我们讲,本来伊拉克也没那么多的冲突,大家仇恨也没那么深重,就是被那些西方的电台、电视台,故意过分去渲染暴力的场面,结果增加仇恨。冲突有一半是媒体搞出来的,明白了"遏恶扬善",媒体的作用就一定会积极地促进和平。请看下面一条:

【推多取少,受辱不怨,受宠若惊。】

这三条讲的是佛家三善根:无贪、无嗔、无痴。推多取少是不贪；受辱不怨是不嗔；受宠若惊是不痴。不贪的人自然能做到"推多取少"，而通过"推多取少"也能够戒掉自己的贪心。一个人如果贪欲重，苦恼就多。少欲的人会知足常乐。一个人如果"推多取少"，其实得到的会更多，得到幸福快乐，心里踏实，助人为乐。布施绝对有回报，虽然不求，但是最后都有回报。财布施得财富，法布施就得聪明智慧，无畏布施得健康长寿。受辱不怨就是不嗔恨，受到侮辱的时候都不怨恨，不但指表面没有怨恨的形色，而且连心里怨恨的念头都没有，还是那样的坦然，这是心量广大，心量广大的人福报就大。特别是受侮辱之后，福报是猛增的，福是逆着来的。我母亲在我小的时候就教导我，福是逆着加的，顺着你的那不是福，逆着来的那才是给你加福。

我们从小到大都享福，没有经过战争的年代，都是太平盛世，干事情一般都很顺利，通过自己努力就能达到成功。我从小学到中学、大学、博士，最后到教授，才三十多岁就当上教授，别人看我们一帆风顺，这是享福啊。享福这么多，自己到底修了多少福？只享福不修福，福迟早会有用完的一天。那怎么修福呢？受辱而不怨就是最好的修福。所以，从小到大想想自己吃了多少亏，受了多少侮辱，如果侮辱受得少，吃亏吃得少，那恐怕福报就小，我们用这种心态来看待受辱。别人给我们侮辱，我们就高高兴兴地接受，修福的机会来了，当然不会有怨恨，只会有感恩。恩师一生很多坎坷，受了不少侮辱，说他是非的人很多，可是恩师从来没有怨恨，也不会在意。他写了一段话，感恩这些曲折和坎坷给他带来的福报：

感激伤害你的人，因为他磨炼了你的心智；

感激欺骗你的人，因为他增进了你的见识；

感激鞭打你的人，因为他消除了你的业障；

感激遗弃你的人，因为他教导了你应自立；

感激绊倒你的人，因为他强化了你的能力；

感激斥责你的人，因为他助长了你的定慧。

恩师教导我们要生活在感恩的世界里。真正仁爱之人充满慈悲心，心里就不会有冲突，就不会有对立，所谓仁者无敌。这种心胸多么宽广。

"受宠若惊"讲的是听到人家的赞扬，或者受到长官、领导、父母、老师的厚爱，要戒慎恐惧。为什么呢？因为赞扬、宠爱并不是福报。福兮祸所伏，如果不谨慎，福里面就可能有祸。为什么呢？如果是担当不起的宠爱和赞扬，那就有祸了。即使这种赞扬、宠爱是真实的，确实是因为做得好，那也应该是分内之事，怎么可以得意扬扬呢？听到了赞扬还沾沾自喜，那就是浅薄之人，没有福报，气量狭小，装不下，容不了，这就不是法器。真正法器是什么呢？他能容能受：受辱时他能够高兴地接受，听到人家赞扬时，他也泰然处之，不会因此而骄傲，甚至继续努力，在顺境、逆境都学着不动心。古德有一句话讲得好：看庭前花开花落，荣辱不惊；望空中云卷云舒，去留无意。恩师在前年三月份写了一副对联处逆境随恶缘无嗔恚业障尽消，随顺境处善缘无贪痴福慧全现。真正有大气量的人，有远大抱负的人，毁誉来的时候都不动心，真的是宗门所说的"百花丛中过，片叶不沾身"，这样来养自己的性德。

【施恩不求报，与人不追悔。】

这句话是讲布施。我们知道，布施是善的行为，但是假如布施之后又有求回报之心，那这个心里面还有贪。贪心就是不善。施恩不要求回报，给人的恩惠一定要诚诚恳恳。没有图报钓名的心，不求名闻利养，不贪人家的回报，这个心才清净。"与人"就是给人，给人家的财物或者方便都不应该追悔，不要后悔。《金刚经》告诉我们，菩萨是无住布施，不住色声香味触法而行布施。菩萨在布施的时候，心里离了四相，就是无我相、无人相、无众生相、无寿者相，心里面没有这四种概念。如果一个人在布施的时候感觉自己在施恩给人，很了不起，那就是"我相"还没有离。有"我相"必然有"人相"，"我"在施恩给"他"，"他"就是"人相"。所以，有了我，有了他，又有一个我在布施什么东西，比如"我给他多少钱"，"我捐给佛门多少钱"，"我每天来给佛门做义工"，这都是著了相。有这些念头就没有做到三轮体空。所以，菩萨无住布施，内心中没有布施的我相，没有受我布施的人相，也没有布施什么的中间物，这叫三轮体空。这样的心就清净。

简单地说，布施的时候不要在意。我们现在学佛了，懂得圣贤之道，我们的本分就应该像佛菩萨那样帮助一切众生。所以，帮助众生是我们的本分，有什么好居功的呢？怎么能够求回报呢？这样慢慢地就离了四相。纵使不能够真正做到三轮体空，那也近似了，心就比较清净。求报是增长贪心，做到最后，施恩不但没有功德，反而增加贪心，你看这多冤枉。"与人追悔"说明还有吝在心里。要知道，贪和吝是君子所不齿的，君子所不为也。世间正人君子都不这么做，我们学佛了，更应该在布施的时候放下自己的贪吝。恩师处处为我们做好榜样，他一生布施财、布施法、布施无畏，三种布施都做得很圆满。可是恩师从来没有在意过自己在布施，连印象都不留，问都不问。恩师印了很多大藏经赠送给全世界各地，送了以后不再过问；在中国很多大学设立了奖学金，学校怎么用，恩师也从不过问。连问都不问，那就不可能去求回报，更不可能追悔。这是我们应该学习的。

有人会怀疑：我布施的钱目的是做好事，别人没有拿去做好事怎么办呢？如果中间有人贪污怎么办？这些疑问深究起来就是追悔。那心就不清净了，当然功德就很小了。要知道，各人因果各人负责。一个人发心做善事，尽心尽力地做，诚诚恳恳地做，善意圆成了，功德也就圆满了。好事能不能真正有效果，那还要看众生的福报。众生得不到利益那是众生无福，中间有人贪污，那他自己要负因果责任。如果我们做事情处处畏首畏尾，那这一辈子也做不了善事。

刚才我们把善因讲完了，接下来是讲善报。善的因必然感得善果。什么善果呢？底下是一个结劝，一个小结和劝勉我们。

【所谓善人，人皆敬之，天道佑之，福禄随之，众邪远之，神灵卫之，所作必成，神仙可冀。】

这一句话就是告诉我们,善人能够得什么样的善果。"所谓善人",这里是说《太上感应篇》罗列出的这些善因都能做到,就是善人;如果做到一半,那是百分之五十的善人,只做到一成那就是一成的善人。当然,善因做得越真切,善果就越圆满。善,首先是念头中存着帮助一切众生的思想,放下自己的自私自利、起心动念要去为众生,最后甚至把自己给忘掉了,只有一个纯善的念头,那就是"但愿众生得离苦,不为自己求安乐",这种人是实实在在的善人。

要知道人性本善,本来都是善的,之所以后天有善人、恶人的区分,那是因为习气在起作用。如果从小到大生活的环境污染很多的话,那么就可能沾染了很多恶习气,这是习性,不是本性;本性是纯善的,是纯净的,习性就会有善有恶。我们现在说的善人是指他后天能够改正自己的恶习性,把自己的善习性恢复过来,回归本性本善。善人会得到善报,这个善报是自然而然的,在自性里面没有勉强,没有起心动念,真的就像影子跟着身体,影子没有思维,身体怎么动作,影子就跟着怎么动作。因果感应我们完会无法思维想象,不是我们想怎么做,自己愿意它什么样,它就能变成什么样,那是妄想。它是按照业而形成的报应。

那么,善人得到什么果报呢?底下列出了几条。

第一个果报,"人皆敬之",就是人人都尊敬善人。为什么人会尊敬善人呢?因为每个人都有一颗本善的心,也就是良心,这是天道,也叫公道,所以我们说公道自在人心。一个人尽管他不是纯善之人,但是看到别人行善他也很高兴,会佩服、尊敬,被感动，所以大家看到善人都会尊敬。

第二个果报，"天道佑之"，上天会保佑善人。上天不是说偏爱善人才保佑他，也不是说善人拿了很多东西去贿赂上天，上天不受贿赂。古语讲"天道无亲，常与善人"，这个天道就是自然之道。一个人行善与本性相应，他就得到本性中的福报；不与本性相应，做出的事违背本性，就得不到自性中的福报。所以上天的保佑都是自然而然，纯粹是靠善人自己的善心感召来的。

第三个果报，"福禄随之"，善报，体现在世间就是有福有禄，很多世间的人希望升官发财，升官就是禄，发财就是福。

那福禄怎么求才能求得到呢？不是在财神爷面前上炷香，供点香花水果，就能求到福禄，那是妄求。福禄是自己善心、善念、善言、善行召感来的。人懂得因果报应之后就不会妄求，而是从内心中求。六祖说："一切福田，不离方寸。"方寸就是心，从内心当中去求，断自己的恶念就把祸给避掉了，增长自己的善心就增加福禄。

第四个果报，"众邪远之"。正和邪不能同时存在，一个人心正，邪气就不会上身，因为邪气只会上那些有邪念的人的身，用我们现在的话讲，就是妖魔鬼怪也会选择人，它不是每个人都敢冒犯的。正人君子一身正气，那些邪魔外道、妖魔鬼怪都会远离，为什么呢？因为不相应。所以他只会找那些满脑子邪思邪念的人，这叫臭味相投，同类相聚。如果我们想避邪，拿一个符咒贴在门上，能不能避邪呢？不一定，关键是要在心地上把自己的邪思邪念扫除得干干净净，这才能避邪，就像太阳当空，那些妖魔鬼怪全都消散了。光明正大就不会染上邪念，不会染到邪气。

第五个果报，"神灵卫之"，就是天地鬼神也敬重善人，它都会发心来保卫善人，让善人逢凶化吉，遇难呈祥。这个善人不一定要去求这些神灵保佑，他只要自己做的身正、行正，自然就会感召到神灵的佑护，这个道理要懂得。

一般的人想要得到神灵的保护，学佛的人想得到佛菩萨的保护，最关键的是要断恶修善。如果是口头上在求神灵保佑，而内心却充满了邪思邪念，贪嗔痴慢，杀盗淫妄，哪怕是身体没作，心里有这些邪念，神灵都知道，它都不愿意跟我们在一起。真正有道德、修养高的人，鬼神都会佩服他。

下面一条是"所作必成，神仙可冀"，这里讲的是因为行善，会感觉事事顺心如意，我们说心想事成。这个能不能办得到呢？绝对能办到。那为什么有的人办不到呢？因为他有业障。什么是业障？心里面还有邪思邪念，还有恶念，这些就是业障，障碍他心想事成。要知道，不管我们做什么，只要心存善念，做的一定是善事。心里想去做恶事，那个念头就已经不善。

一个人心存善念去做善事，他就会有福有禄，有天地鬼神的庇护和人的敬爱，当然所作必成，这一生不仅他所做的善事能够成就，而且"神仙可冀"，"冀"就是希望，有希望做神仙。神仙逍遥自在，福报很大。

行善最乐。善人由于心善行善，现世就已经成了一个活神仙，快乐无比，以后必定生人天善道，都有希望成为神仙。我们学佛的人不是希望做神仙，做神仙还在六道轮回当中，我们这一生希望求生极乐世界，在极乐世界可以即生成佛，圆满我们的大愿，这个志向要高。神仙自己都在六道当中，能够帮助的众生当然是有限的，成了佛，尽虚空遍法界一切众生都是我们帮助的对象。

很多众生，生生世世以来都做过我们的父母！我们过去生中的亲人们现在还在六道中受苦。街上那些乞丐，可能过去生中是我们的父母兄弟，要用善心去帮助他们，给他们一些救济。人道里都有苦的人，三恶道里更是悲惨。过去生中的父母可能都是在地狱里受刑，上刀山、下火海，在那里哀号，我们有没有听见？看到前生的父母在这一生可能变成了猪狗牛羊，受人宰杀，在流血的时候，在下油锅的时候，我们有没有感知他的痛苦？想到这里，就要发大菩提心求生净土，要快速成佛，广度众生。要求生净土，我们首先就要做一个善男子善女人。这个善，按照《太上感应篇》里面讲的去做就没错，"所谓善人"，"所作必成"，我们求生净土，也必能成就，成佛可冀。印光大师劝我们要以大菩提心来学习《太上感应篇》，能得到无上的利益。

请看《太上感应篇》中下面一条：

【欲求天仙者，当立一千三百善，欲求地仙者，当立三百善。】

这句话是讲一个人如果想要求证仙的果位，那要立善修善，求证天仙要修一千三百善，求证地仙要立三百善。天仙比较高。虽说是高，也不是不可及，如果每天能够做一件善事，那么一年就做三百件了，地仙就成就了，四年下来，天仙也能成就，所以并不太难，难就难在我们肯不肯去做。要知道，这里面的善一定要无漏，这个善事要纯净纯善，如果善里面夹杂着不净不纯那不能算数。

袁了凡先生一开始修善的时候是用功过格的方法，比如说一天做了十件善事，但是又犯了十件过失，这就抵消了，一天就等于白过了。善恶抵消最后等于零。那么慢慢地，过不断地改，善不断地增加，一天做了二十件善事，过失只有五件，相减了之后一天就做了十五件善事，这十五件才能算数。

当然我们知道，仙并不是圆满的果位，它还在六道当中。《楞严经》里面就谈到仙有十种仙，这都是六道众生，只是它们的智慧、德能比人要高。我们的志向是求佛果，虽然我们的志向高，但是要知道"行远必自迩，登高必自卑"，要走远路，先从近的地方开始走，要登高就必须要从低的地方开始走，开始登。

《太上感应篇》所讲道理，如果不能做到，那不要说往生成佛不可能，就是来生想要保住人身都很难。我们首先要达到《阿弥陀经》里善男子、善女人的标准，然后才能说信愿持名求生净土。如果善都达不到，那就妄谈往生了，极乐世界是诸上善人俱会一处，心行不善怎么会受大家欢迎呢？

这里讲到修善，虽然有次第，有渐进，但是要知道一切法唯心所现，从心上断恶修善是根本，那个力量是最大的。《太上感应篇汇编》里举了一个例子，在《了凡四训》里面也提到了这个例子，说的是汉钟离授丹，要把炼丹术传给吕洞宾，学了这个技术就可以点铁成金，就可以拿很多的金子去帮助穷人。吕洞宾听他这么讲，就问钟离："这种金以后还会不会复原变成铁呢？"钟离说："五百年之后这些金子还会复原变成铁。"吕洞宾就说："那我不学了。"

"为什么不学？"

"因为我把这些铁变成金子，现在可以帮助穷人，可是五百年之后这些金子都变成废铁了，那不是等于害了五百年以后的人吗？"

吕洞宾想得远，这种善事不是究竟善，所以他不学。钟离听了就非常赞叹地说："修仙要积三千件善事，你这一念就已经圆满了三千功德。"

我们从这个例子可以看到，善与不善，心是最根本的。如果一念真切，善心真切，想到广大苦难的众生，那么一个善念就抵得过三千件功德。我们从这里才相信，为什么祖师大德教导我们，如果是过去造了罪业，现在猛然回头，不要再造了，然后死心塌地念佛求生净土，哪怕是我们岁月不多、时间很少，但是念佛真切，求生净土的愿真切，那么也能够抵得上万善了。《阿弥陀经》里讲到，求生净土不可以少善根福德因缘。猛一回头来念佛求生净土，善根福德因缘都能圆满。

例如：过去的那个宰牛的张善和就是这样，一辈子宰牛，到临终的时候业报现前，看到很多牛头人来索命，心里很恐怖，吓得大叫，这时来了一位出家人，劝他赶紧念阿弥陀佛求生净土，于是他就念阿弥陀佛，没多久阿弥陀佛就来了，他说牛头人都不见了，阿弥陀佛来接引他往生极乐世界了。这是一件真事。所以一念善心真切，念阿弥陀佛，真的做到净念相继，那么这个善就圆满了。

恶因恶报

我们现在开始学习《太上感应篇》的第四章，恶因恶报。这一章是本篇最长的一章。太上老君为我们详细地列述了这些造作的恶因，包括身体、口头、意念上造作的，犯了这些恶行的人一定会遭到天地鬼神的处罚，或者是在阳世就遭到人的憎恨，自己当然也逃不了因果报应。从"苟或非义而动"开始，一直到"刚强不仁，狠戾自用"，讲狠戾自用、悖逆的大恶。

【苟或非义而动，背理而行。】

这句话是讲如果有人违反了道义而动了恶念，做出了恶事的话，将会得到后面讲的恶报。苟，就是如果的意思。"非义而动"，就是违背了道义，这个"动"，不只是身体的动作，也包括语言，也包括动念，只要动个念头违背了道义，都会遭到报应的。这个"理"是指天理，就是我们的良心。

我有一个亲戚，他小的时候没有受到良好的教育，不知道这些道理，不知道什么该做什么不该做，长大以后坏念头很多，不孝顺父母，结婚以后对妻子也不忠诚，家庭也不管，对两个儿子也一点都没有尽到为人父的责任，还好赌，不能够尽到自己的责任、为人的本分，这叫非义。邪的念头很多，正的念头很少，所以他的果报很惨，家庭越来越贫穷潦倒，到中年就得了不治之症死了。

我这个亲戚就是非义而动，背理而行。因为我们平时很少来往，没有办法把圣贤教育传递给他，我相信他来生可能去三恶道了，只能供一个牌位来回向给他。

【以恶为能，忍作残害。】

人的本性是纯净纯善的，当我们起了妄念的时候，这个纯净纯善的心性里面就有了污垢，慢慢这个污垢就会形成私欲。如果迷在当中，就越迷越深，不能够回头，完全是由自己的妄心、我执来驱使，这是"为心走使"，结果就是造作恶业。迷了的人不知道自己造的是恶业，还以自己造恶为快事，自己还认为造杀盗淫妄这些恶事很有能力，"以恶为能"，完全蒙蔽了自己的本性。违背本性自然就会受到天道的报应。

"忍作残害"，忍心去残害生命。我们看到很多人杀生，为了饱自己的口腹之欲，不惜杀害众多的生命。我听说有一些人打珍稀动物，甚至有些动物还活着，他竟然忍心吃得下去，这是"忍作残害"，良心完全丧尽了，这种人既然天良丧尽，就不可能逃脱天的报应。好杀好吃的人，到了晚年一定会很不吉利，晚年得疾病叫花报，来生得的是果报，果报就是三恶道，先把地狱、饿鬼道的罪业消完了，再出来，变成动物，还得偿债。早先被他吃掉的那些动物将来投胎变成人了，如果相见，那就是仇人见面分外眼红，他的八识田里头掀起了一种仇恨的怒火，这是"忍作残害"，冤冤相报，没完没了。想到这里，真的要痛定思痛。不能生生世世就搞这些，不能再搞了。伤害动物尚且是大损阴德，那么伤害人呢？而且还以恶为能，忍心残害苍生百姓，那种人报应就更惨烈。

【阴贼良善，暗侮君亲。】

这句话讲，阴谋去贼害善良的人，暗中欺骗、侮辱君王和自己的父母。我们知道这个世界上善良的人本来就少，如果世上善人多，这个世界就能够和谐、安定、繁荣。恶人看到有人向善了，竟然用阴谋去毒害、谋害这些善人，因为他造恶，他看到善人就起嫉妒心，善人的存在对他是一个威胁，他容不得善人的存在，所以他用阴谋诡计去贼害善人，这是最遭天谴的。

"暗侮君亲"，暗中，就是别人不知道，私下里对于自己的君王长上乃至父母，都敢去侮辱、中伤，这种心完全就跟豺狼一样。连父母都不孝顺，这种人他会爱谁呢？君王是我们的领导，代表全国人民的形象，现在我们称为总统、领袖，现在还有一些君主立宪制的国家，称为君王、国王，那我们应该尊重，《孝经》上讲：敬君臣悦，尊重这个国家的国王，能够让这个国家的百姓都高兴。对于这个国家的领导人尊重，就是尊重全国的国民。

最近我看到一则消息，在泰国有一位五十七岁的瑞士籍男子，叫尤福，他喝醉了酒，在酒吧里竟然用一些油漆之类的东西向泰王的像乱涂乱画，这是冒犯了这个国家的国君，结果他的报应马上就现前了，先是被捕，不久后出庭受审，被控为冒犯泰王及破坏公共设施罪，被判刑入狱七十五年，"暗侮君亲"得到这样的报应。他今年是五十七岁，那坐七十五年的牢，这一辈子也坐不完，那怎么办呢？记着账，来生继续坐牢，继续还。所以心里如果不存恭敬，那就造这些罪恶，他也是可怜，不明白应该尊敬君王、长上，糊里糊涂地就去坐牢了。

古代有一个故事，兄弟两个人侍奉母亲，哥哥比较穷，弟弟比较富裕，兄弟两个约好，每个人侍奉母亲五天，轮流照顾。有一天哥哥发现家里面没有米了，这个时候正好轮到哥哥来侍奉母亲，他只好去央求自己的弟弟，希望弟弟来替他先照顾母亲几天，等以后有钱买了米再补回来。于是母亲就到了弟弟家，弟弟竟故意把自己家的米全藏起来了，然后说家里没有米，让母亲回到哥哥家去。这是"暗侮君亲"，暗侮他的母亲，不想侍奉，大不孝啊！结果他的母亲就哭哭啼啼地回到哥哥的家里。正在这个时候，就听到天上雷声大响，弟弟和弟媳妇两个人都被雷给打死了。不孝不忠的人，天地鬼神是最嫉恨的。

【慢其先生，叛其所事。】

这里是讲，轻慢教导我们的师长，先生就是指师长，违背、背叛自己所应该服侍的长官，这是对老师不敬，对自己的上级、自己的领导不忠。

我们知道，先生、老师给我们传授知识，教导我们做人，教导我们学问，是有很大恩德的。古人讲"一日为师，终身为父"，父母养育我们，老师教导我们成人、做人，所以老师跟父母的恩德是一样的。

古人把天地君亲师列在一起，说明了天地、君王、父母亲、老师对我们的恩德是平等的，应一样地去恭敬，怎么能傲慢呢？更何况现在我们学佛了，教我们学佛的老师，再生了我们的慧命，我们的生命来自父母，慧命来自于师父啊，所以佛门里的师长，佛菩萨对我们的恩德，甚至超过父母。为什么呢？因为我们跟着老师学佛，跟着释迦牟尼佛学，这一生就有机会了脱生死，跳出六道轮回，生生世世都没有实现的，这一生能实现。所以这个恩德，是不是超过父母？父母的恩德就在我们这一世，而佛菩萨、师长的恩德，却是让我们永远地脱离了轮回，确实生生世世都报不完。所以怎么可以轻慢？这个轻慢，有的表现在语言上，出言不逊；有的表面上看着还恭敬，但他心里却没有真恭敬；对老师的教诲不能依教奉行，不能依教奉行就是对老师的不敬。所以老师的教诲时时都应记在心中，依教奉行，这才是对老师的恭敬。不恭敬老师的人，很难有所成就。以前我在美国大学里教书四年，在德州大学和肯萨斯州大学都教过书。我们班上有美国学生，也有外国留学生，在我班上一般成绩最好的都是中国留学生，我就想不通了，是不是中国的留学生就特别聪明呢？也不是，美国人也很聪明,那些学生鬼点子都很多,脑筋也很快,为什么中国学生学得比较好呢? 我想,那是因为中国学生对老师有恭敬心,这也是受中国传统文化的影响,虽然传统文化被遗忘过、打倒过,但是在人的心里面还有根,他对老师还有尊敬,中国古人最提倡的是尊师重道,所以有这个传统。美国人的历史只有两三百年,所以美国学生就不知道尊师重道,对老师不尊重,甚至在上课的时候,边吃东西边听课,或者边喝水边听课,有的好像坐着不舒服,把两条腿架在前面的椅子上,像大爷似的坐在那里听课,老师站在台上讲,这像什么话呢? 不仅仅我这个班是这样的情况,很多的班级都是这样,这说明什么? 他们心目中没有把上课的老师当作老师,所以他怎么能得到真实的学问呢? 我之所以在美国还算学习比较优秀(学业完成得很快,四年就完成硕士和博士的课程,老师说我是在那个学校里面速度最快的),就是因为我对老师有恭敬心,对老师的恭敬心来自于对父母的孝心。敬老师的就是有师道,师道是建立在孝道的基础上,所以对父母孝顺、孝敬才能对老师尊敬,孝道没有了,怎么可能尊敬老师,尊敬别人? 怎么会尊敬自己的长上呢? 他就"叛其所事",自己做的事情、所侍奉的领导,他会违抗、会背叛。现在跳槽的特别多,都司空见惯了,这些现象总的原因就是孝道没有了。

【诳诸无识,谤诸同学。】

这是讲欺骗愚昧无知的人,诽谤一起学习的人。要知道那些无识无知的人，他可能是因为社会阅历少，可能是因为年纪轻，没有读过什么书，这些人我们应该对他多一些帮助、提携，怎么可以去欺骗他、迷惑他呢？甚至还要去取笑他？这是乘人之危的心理，对人不仅毫无恭敬，而且是一种伤害。

《楞严经》上说过，如果迷乱误导了那些没有知识的人，像那些傻子或者是那些没有见识的人，使众生产生疑惑，那么造这种业的人死后就会堕无间地狱。我们学佛的人要懂得，在跟人家讲习佛法时，要知之为知之，不知为不知，自己懂的就去跟人家讲，自己不懂的不能强不知以为知，否则就是"诳诸无识"，误导众生，这叫"一盲引一盲，相牵入火炕"，特别是在菩提道上，误导众生的罪业很重。

我们知道，同学之间是多生多劫的缘分，才能在同一个课堂上，一起学习，要懂得珍惜，同学的友谊就好像是兄弟姐妹的友谊一样。当我们自己不如人的时候不可以生嫉妒心，"谤诸同学"，对于同学的毁谤往往是因为自己有嫉妒心，这样就是造恶业了。佛陀告诉我们，同学、朋友之间相处之道要懂得五个方面的事情：

第一个方面，当彼此造作恶业的时候，应当互相劝止。第二，如果彼此有灾难或者疾病，应当互相看顾、周济，比如说朋友家、道友家里有什么灾难，或者是有人往生了，我们要帮助、助念，道友生病或者是遇到挫折了，我们应该去安慰他。第三个方面，彼此如果有不为人知的一些秘密，一些隐私，我们应该保护他，不能向外说，《弟子规》上也讲，"人有私，切莫说"。第四个方面，应该互相尊敬赞叹，不要断绝往来，也不可以记怨，同学之间、志同道合的人应该多一点往来沟通，大家在学业上、菩提道上共同精进。如果有小的过节，不能够结怨，要懂得互相原谅。第五个方面，彼此贫富如果不一样，要互相帮助，不能够互相诽谤。这些都是跟同学、朋友、同修、道友的相处之道。

【虚诬诈伪，攻讦宗亲。】

这一条是讲用虚假、诬陷、诈骗、欺侮的手段来攻击他人，揭发自己宗亲的一些隐私。这些都是极大的心灵的不善。"虚"是讲一点根据都没有，制造出来虚假的东西，用妄语来诽谤。"诬"就是诬陷，不符合事实，故意去诬陷他人。欺诈，伪造一些事实，欺骗世人，目的就是把人家打倒，以实现满足自己私欲的目的，这些都是极大的罪业，特别是在佛门里面，如果用虚诬诈伪的手段攻击法师，那罪业就极重了。

在《发起菩萨殊胜志乐经》里面，佛就给我们讲到了一些菩萨前世的因果。在拘留孙佛的时代，有一些比丘，看到有两位法师说法度众生的法缘很殊胜，就不服气，生了嫉妒心，于是就捏造一些事实，说这些法师有邪淫，用诬陷法师来欺骗这些听法的众生，结果这些众生就不再相信法师的讲法了。从此这些听法人的善根也断了。断人法身慧命，这个果报在阿鼻地狱。结果这群比丘死后就堕阿鼻地狱，在阿鼻地狱辗转受报，然后又在不同的地狱受报，总共受了一千八百万年，从地狱里出来还要受五百世贫穷下贱、诸根不具、作残疾人的报应。

后来在释迦牟尼佛的时代，重新遇到了佛法，重新修行，忏悔业障，才求生净土。用虚诬诈伪的手段，来攻击讲法的人，就有这么大的报应。

"攻讦宗亲"，攻就是攻击，讦就是揭发别人隐私，或者是别人有过错，不能够同情、怜悯和包容，反而去攻击，去揭发，生怕人家不知道，而且他所揭发所攻击的对象是宗亲，宗就是同性的亲人，亲是异性的亲人，都是自己的亲属骨肉，他竟然狠心地攻击和揭发他们，全没有仁孝。既然良心已经丧尽了，他的报应就很惨了。

【刚强不仁，狠戾自用。】

"刚"就是刚烈，"强"就是强横，非常固执而刚烈，蛮横，没有人道，很凶狠、乖张，自以为是，这就是"狠戾自用"。这个"刚强"跟孔老夫子所说的刚毅是不同的，孔老夫子讲的刚毅，是讲他的理性，他的志向很坚定，他有刚毅之性，这是好的。这里讲的刚强，是讲性格上爱动气，爱逞强，没有仁慈心，在医学上说肢体麻木不能动作，全身硬冷，那就是不仁。心地不仁慈，刚强不柔顺的这种人比较容易得麻痹症，因为一切法从心想生，他这种心不仁慈自然就感得这样的病。

狠戾，世间人讲的铁石心肠，没有任何的人性，这是非常大的恶念。待人凶狠而且还乖张，戾，就是乖张，就是格格不入，很固执己见，错了也不回头，这种人就是死路一条。这里讲到的是"悖理"，这些恶，是完全违背天理的，如果心里面还有这些念头，要把它赶紧地去除掉，这是大恶。

下面一段，从"是非不当"，一直到"见杀加怒"，讲的是位高者，就是当官的、有权势之人的恶习、恶念。

【是非不当，向背乖宜。】

这条讲的是，如果当官的人对是非判断不妥当，就会冤枉人。"乖宜"就是不恰当。"向"就是亲近，亲近好人，亲近善人，亲近自己的父母、自己的长上。"背"是背谁呢？应该背恶人、邪人。但是往往由于一己之私，他会向着那些恶人，替恶人辩护，来掩护他们，纵容他们造恶业。要知道，"是非不当，向背乖宜"，这是由于心里对是非判断不坚决，不理智，不知道这里头的因果报应，如果不是在平时方方面面去检点自己，那么在大是大非面前难免会做出不当的行为。

我们在网上看到了一个四十五岁叫段某的男子写的一段自白。他是某县的一个客运站的副站长，有太太，有女儿。有一天在客运站工作时，突然听到一群人叫喊，说是抓小偷，赶过去看到一个还不到二十岁的女青年，被一群男子抓住，说这个女孩偷了手机。这个副站长就起了怜悯心，就帮他们解开了纠纷，手机还给了人家，然后问这个女青年，为什么你要偷手机？那个女青年就说不是我偷的，这是在车上不知道为什么有人叫我，说丢了手机，结果那个手机跑到我袋子里了。这个副站长看女青年也很可怜，就说你赶快回家吧。她说她是出来打工的，现在没有办法，来找一份工作。副站长就给她在这个客运站，找了一份售货员的工作，结果这两个人就产生感情了。有一天这个女青年叫副站长，说自己生病了，希望他来看看。他就去看了，结果一看就中了圈套，原来那个女青年很喜欢这个副站长，竟然就以身相许，这个副站长在这个是非时刻不能够把持好自己，就犯了邪淫。

之后两个人就一发不可收拾。纸包不住火，事情传出来了，他的领导很气愤，就准备下文件对他进行处理，家里太太也非常生气。本来段某做的就已经不对了，他突然间又冒出了一个不应该起的念头，想跟这个女青年一起私奔，这个女青年只有他女儿这么大年纪。他们两个就约好了，女青年信誓旦旦地说："即使你以后老了，我都会陪着你。"他们就一起私奔了。段某离开了工作岗位，离开了太太，离开的时候还给他的太太留下了一张字条说："我是一个负心人，对不起你，恨我吧。"就走了。

两个人到武汉市打工，段某出去做推销，做得很辛苦，养活着自己和这个女青年，后来他们俩竟然又生了一个儿子，一家三口，经济压力很重。因为工作太辛苦，段某累倒了，女青年被迫出外打工来养这一家三口。这个女青年在外面又结识了一个男青年，晚上迟迟都不回来。后来，段某知道了女青年又有了外遇，非常懊恼说："你不是原来有誓言吗？"那个女青年说："但是我们这样下去，谁也活不成啊。"段某自己有病，不能起床，这个女青年也不理他，他最后想回家，打电话给他太太，他太太还是气愤不让他回来，他自己感到非常懊悔。

这就是"是非不当"啊，做出了"向背乖宜"的事情，该亲近的是自己的家庭，该离开的是这些不好的关系，但是他一失足成千古恨，能怨谁呢？到头来还是怨自己啊。对这个女青年来讲，她也不幸福，两个人不懂是非善恶，做出这些糊涂的傻事，两个人都没有幸福。

【虐下取功，谄上希旨。】

这里是讲，虐待下民以冒取功劳，用谄媚上级长官这个方法来迎合长官的旨意。都是为一己之私做出可恶卑鄙的事情。要知道，对于百姓应该多加抚恤，不应该为了自己图功劳而虐待他们，比如说赶工程，为了迎合上级领导，拼命地赶这个工程，让百姓受苦受累，让自己的下级受苦受累，这个心狠毒。"谄"是谄媚奉承，靠奉承上级来升官，这是君子最引以为耻的，只有小人才会这么做。

【受恩不感，念怨不休。】

这条是讲，受到人家的恩惠一点都不懂得感恩，反而念念是仇恨之心。别人有一点对不起他，哪怕是过去对他有很大的恩德，他都忘掉了，心里只想着仇恨，而且在胸中郁积，结在里头不散，这都是会遭天谴的。

【轻蔑天民，扰乱国政。】

这条讲的是轻视和欺侮人民，扰乱国家的政务。唐朝的唐太宗讲，人民是国家的根本，要懂得让人民安定。"天民"就是对人民的尊称，是天给我们的这些百姓，怎么能够轻蔑他，侮辱他呢？

【赏及非义，刑及无辜。】

这句话的意思是讲不合理地去奖赏那些不应该奖赏的人。"非义"就是不应该。他们没有功劳，不应该得到奖赏，可能是因为阿谀奉承，迎合讨好，就得到了奖赏。我们不能够以自己的好恶来作为奖赏的标准，应该奖赏那些有功之人，奖赏有优点有美德的人。我们的奖赏不只是鼓励被奖赏的人，而且也是希望树立榜样，让大家都效仿。

"刑及无辜"，讲的是把刑法去施加给无辜的人。要知道刑法是不得已才去用的。我们知道每个人都有良心，都有本善的本性，人造恶是因为糊涂，迷失了本性才干出些糊涂事，对他加以刑罚，那也是不得已而为之。要懂得，对有罪的人都应该尽量给机会让他来改过，而对无辜的人怎么可以用刑罚呢？如果他没有犯罪，没有过失，却用刑罚，可能就是当官的犯糊涂，不能够明断是非，或者是因为一己之私而去加害无辜者，这些都是违犯天意的。我们都要非常谨慎，特别是做官的人，赏和罚都要懂得公道。刑罚加给无辜的人，自己不但没有功反而会引来灾祸。

这里我们可以引申，不只是办案的人、执法的人不可以"赏及非义，刑及无辜"，做父母的也要懂得，假如家里面有几个孩子，给孩子的奖赏，应该奖赏的时候才奖赏，不能造成纵容；对孩子的苛责，也要有道理，这才有做父母的威信，凡是家里面出现了孩子之间不和的，甚至是孩子对父母不满意，这里面固然有孩子方面的过失，也可能是父母对待孩子不公平、有过失造成的。

【杀人取财，倾人取位。】

这句讲杀害人的生命，来夺取人家的财产；设计去害人，来夺取人家的职位。这是谋财害命的强盗行为。不仅是强盗才会有这种行为，贪官污吏为了夺取非法之财而去把人给害死，把人关在牢狱里进行严刑逼供来栽赃，或者是有钱的人，穷人欠了他的债，他去逼债，把人逼死，这些都是杀人取财。要知道财位、官位都是人的福禄，福禄是造善才得的果报，怎么可以用这种不善的手段来取得呢？只有愚痴的人才敢这么做。我们知道因果报应，杀人必须偿命，欠债必须还钱，倾人官位的，设计来谋害人，把人打倒的，将来也同样会被人打倒。

所以倾人取位的果报就是这样。人到底能够显赫多少年呢？只有愚痴的人才会做出这样的事情，真正有智慧的人，对唾手可得的官位，他都会让给人家，为什么呢？因为当官可是要负大责任的。如果当官没有尽心尽力为国家为人民服务，那么就欠了大债，犯了大罪孽了，将来要做牛做马偿还。

【诛降戮服，贬正排贤。】

这里是讲诛杀投降的人，顺服我的我还要把他杀掉。"贬正排贤"，就是贬抑那些正直的人，排挤贤明的人。在打仗当中，难免会抓到俘虏，对这些俘虏，真正仁慈的将领应该多加以抚恤，知道这些俘虏大部分都是不得已才去从军，他既然归降、改邪归正了，那就很好了，怎么能够把他抓了之后还戮杀掉呢？我们知道，战争本来就不是一件吉祥的事情，圣人是不得已才用战争来保护自己的人民，这种战争是保卫战。抓住的俘虏，我们知道他们可能是一时糊涂，才参加敌军，或者他们是被迫的，我们应该用仁慈的方法来善待他们，让他们归顺于我。如果是诛杀那些投降的人，这是最损阴德的。

"贬正排贤"，这也是一种当官的阴恶。做官的其中一个责任就是为国家选拔栋梁之材，怎么可以对那些正人君子、贤能的接班人加以贬抑呢？我们在一个单位里面做事情，也要懂得推荐贤能，不可以以自己的嫉妒心，怕别人超过我而去压人家、贬人家。要知道真正有贤能的人，他也并不是十全十美的，十全十美的叫圣人，圣人有几个呢？有品德、有学问，这就是属于贤能的人，但是他可能会有些习气，《了凡四训》上讲"豪杰铮铮，不甚修行迹"，他可能是因为自己有才华，有一点傲气，不太注意小节，得罪了我们。我们不应该过分的关注这些小节，我们应该看大节，看这个人是真正为国家、为社会，或者是为我们团体能够做出很好的贡献，这就应该大力地提拔，不能以自己的好恶来作为用人的标准。

学生对老师而言也是这样。我们应该有责任向老师推荐好的学生，不可以担心推荐了好的学生，到时候他就会超过我。这是嫉妒心，有嫉妒心的人怎么可能有真实的学问呢？要懂得，对正人君子、贤德之人要会看，要懂得提拔，甚至能够善于引导他，让他们更上一层楼，走在我们前面的，我们向前推，走在我们后面的，我们向前拉他，共同前进，这样就好。

【凌孤逼寡，弃法受赂。】

这一句是讲，对一些孤儿寡母、老人进行凌辱逼迫，抛弃了法律来接受贿赂。这两句分开讲。《太上感应篇》前面讲，"矜孤恤寡"，这是善行，对于孤寡的老人要懂得体贴爱护、加以关怀，因为人生最不幸的就是孤寡，老年丧夫、丧妻、丧儿，怎么可以去凌辱他们呢？因为他们弱小，我们就以自己的威势来逼迫他们，这是要遭天谴的。

这里跟大家讲一个真实的故事。有一户人家，夫妻二人，有两个女儿，丈夫还有个老母亲，老母亲年轻的时候就守寡，裹小脚，就是传统的那种老人，这个丈夫在村子里当干部，一家五口人生活的还不错，但是后来丈夫死了，剩下了妻子石氏，带着两个女儿和老母亲，老太太给他们做饭、带孩子，很能操持家务。因为丈夫死了，妻子石氏就被迫去外面挣钱养家糊口。后来孩子慢慢长大了，石氏因为挣钱不容易，就开始嫌弃老太太，孩子不用她来带了，就嫌老太太吃饭了，甚至老太太辛辛苦苦做的饭端上来她也不搭理。

后来有一天，老太太在过道里乘凉，大孙女就来跟老太太说："奶奶，我妈让我跟你说件事。"

"什么事啊？"

"我妈说她再也不想看见你了，请你走。"

老太太一听就像晴天霹雳，非常地伤心，对这个孙女说："我都已经六七十岁了，裹着小脚，你们现在让我走，是让我去嫁人呢，还是让我去上吊啊？"结果她们还是把老太太赶出去了。老太太迫不得已只好捡破烂，或者是帮人家缝缝补补来维持生活，很可怜。事情没过多久，这个石氏，本来长着一对很明亮的大眼睛，突然间就看不见了，这一下子就慌了手脚。幸亏孩子长大了，能下地干活，来继续劳动养家。因为石氏不是从小瞎的，而是突然瞎的，所以生活变得非常苦，不是碰翻了这个就是碰翻了那个，没有办法干家务了，甚至没有办法摸到厕所，只好在自己的房间里大小便，整个屋子里很臭，后来没办法，只好接老太太回来，继续请她来做饭，但是没多久，石氏就死了。后来那个大孙女，就是帮她妈妈赶老太太走的这个孙女，也被车撞死了。石氏说不想看见老太太，她的眼睛真的就瞎了，再也看不见老太太了。这个孙女跟她母亲两个人都死了，这是天的报应，天对那些凌孤逼寡的人是毫不留情的。

"弃法受赂"，就是违背法律收受贿赂，是当官的人最不应该做的。要知道当官的人是要为国为民的，古人都讲"当官不为民作主，不如回家卖红薯"，怎么可以抛弃法律收受贿赂呢？收受贿赂的人他以为自己得了财，可是这样收取财利，没有几年就会身败名裂。

古人讲：德者本也，财者末也。这个德是财的根本，财是德的枝末，有德的人不怕没有财，如果是为了贪财而弃法受赂，败坏自己的道德，违反法律，那么这个财没有享受到，自己就身败名裂，命丧黄泉了。所以不能不谨慎。"我们要懂得，小事也不可违法，不能说小节方面不在乎，到大节就能够把持得住，那不保险。我们从小的地方断自己的贪心，断掉贪小便宜的念头，那么在大是大非面前才能把持得稳。古人讲，经天纬地的气节，都是来自于临渊履薄处。临渊履薄，临渊就是如临深渊，履薄就是如履薄冰，战战兢兢、谨谨慎慎修养出来的，这是大的气节。

最近我自己就发生了一件这样的事情。我因为给一位老法师做翻译，所以需要一套软件，有英文翻译辞典，也有古汉语辞典。我有一位朋友刚好有那个光盘，就给我装在电脑里。装上以后我就突然想到，这个光盘版权是一个人的版权，还是可以共用的版权？我朋友就去查，原来是一个人用的版权，我朋友已经用了，我这样用了就属于偷盗了。于是我就跟这个朋友说，不行，我不能这样做，这样做不等于违背了法律吗？我接受你这个不就等于是受贿一样吗？"弃法受赂"，这个事情我不能做，我学佛了，这个盗戒我不能犯。我的朋友听了之后也很配合，另外帮我买了一套新版的软件。所以学佛的人在这些小事情上都不可以去犯盗戒。那个光碟是有版权的，我们就必须尊重版权，不可以随便拿来使用。这样，小的方面注意了，养成习惯了，大是大非面前就不会犯弃法受赂的问题。

【以直为曲，以曲为直。】

这条是讲把理直的变成理曲的，把理曲的变成理直的。这是颠倒是非，颠倒黑白啊！在打官司当中，如果执法的人不谨慎，或者有私心，这个错就很容易犯。执法的人要知道，自己的判决可能关系到这个人一生乃至这个家庭的生死命运，怎么可以在直和曲、是和非面前随便呢？我们平时要懂得，什么是"直"，什么是"曲"；什么是"是"，什么是"非"，要有一个标准，这个标准必定是以圣贤的教诲为标准，因为圣贤的教诲都是符合性德的，符合性德的为直，不符合性德的为曲啊！如果我们不学习，怎么可能保证不黑白颠倒呢？该做的我们没有去做，不该做的却做了，这就是以直为曲，以曲为直；那别人要是批评我，我还要故意为自己辩护，那也是以曲为直，错上加错了。

【入轻为重，见杀加怒。】

这句话也是指执法的人，应该判轻刑的，结果判成了重刑；看见人家被杀，不但不哀悯他，反而愤怒。这是心里面没有仁慈心。要知道刑法是不得已而用之,用来教训犯人引以为戒的。所以有悔改之意,能够坦白的,都应该从宽处理,能判轻刑就尽量判轻刑。对这个案子有怀疑的地方都要调查清楚再定罪,不能随意判刑,也不能判重,这就是留着一点慈悯心,防范损阴德的事情发生。

看到人家因为犯罪而被判处死刑,哪怕他是罪大恶极,都应该生怜悯心。他为什么会这么做呢?他本来也是本性本善的,释迦牟尼佛讲了,一切众生皆有如来智慧德相,这一切众生也包括他,他的"人之初"也是"性本善",孟子说"人皆可以为尧舜",他本可以为尧舜,但是他一时糊涂,可能是一念之差,也可能是从小到大没有经过良好的教育,而做了一些糊涂的事,那也叫一时糊涂,人生生世世以来,谁敢保证自己没做过糊涂事?没做过糊涂事的人,早就往生,早就成佛了。我们都是糊涂人啊。既然我们都是糊涂人,怎么能够责怪他呢,看到他犯罪遭刑戮,我们怎么可以再加以愤恨呢?甚至还要幸灾乐祸,还要拍手称快,这确实是慈悲心不够。要懂得怜悯他,甚至为他哭泣都来不及,怎么可以加怒呢?

以上讲了当官人的一些恶事,下面一个小节从"知过不改",一直到"侵凌道德",讲的是世俗之恶,一般的老百姓都会犯的。我们更应该检点自己的内心,看有没有犯过。

【知过不改,见善不为。】

这一条讲的是知道自己的过失而不肯悔改，看见善事而不肯去做。人非圣贤，孰能无过，没有达到佛的境界都不可能保证不犯过，但是如果有过能改，善莫大焉。最大的善事莫过于改过，那反过来说，最大的恶事就是知过不改，知道自己的过错，还要替自己辩护，不肯改。这种人已经变成铁石心肠了，没办法进步了，只能往死路上走，一天天地堕落下去，最后的结果就是堕三恶道。所以人觉悟了，猛然回头，改过自新，哪怕是过去造了再多的孽，古人讲"浪子回头金不换"，这才是真正的善人。

看到了别人做善行，我们应该是立即效法，听到有一件善事我们应该马上生起欣慕之心去学习。如果见到善事，听到善言还在那里无动于衷，那么这个人没善根了。没善根的人，佛把他称为"一阐提"。我们不要讲人家，想想自己：我是不是这样呢？会不会知过不改，知善不为呢？明知自己有这些过失不肯改，应该做的善事而不肯做，明知还故犯，罪加一等。所以要修行进步，最重要的是要懂得忏悔。

当然一个人的"过"也不是一天两天能够改完的，这是无始劫来形成的习气啊，我们的烦恼习气怎么可能一天两天就能改过来呢？所以我们会觉得自己业障深重。我自己就经常这样觉得的，大家可能比我好一些。我自己确实业障深重，过失知道了，想改也不是一下能改过来，这是自己的业障，但是要知道知过不改并不是说要一下改过来，这里讲的是不肯改。那肯改呢？只要肯改就是进步，尽管他后来又犯了，犯了之后，继续改，继续忏悔。我曾经请教恩师说："我听经明白了，经常发现自己有很多过失，想改，结果又犯了，第二天又向佛菩萨忏悔，然后发誓不再干了，结果后来又干了，又忏悔。老是忏悔，还是有这些习气，到最后自己的信心就不足了，我这样还算是真干吗？我是不是在骗佛菩萨？"我问得很诚恳，恩师听到我这么问，也语重心长地安慰我说："你这样做就叫真干了。"当时我的眼泪就流下来了，觉得佛菩萨、老师真是慈悲，他们能够等待，让我们慢慢地回头。一下子回不过来，那是业障深重，要慢慢地回头。总之我们的心是想改过，每天改一点，每天改一点，虽然还再犯，犯了就再忏悔。《普贤菩萨行愿品》里讲，"忏悔业障"，那是念念相续，无有间断，无量劫都是这么忏悔业障的。我们这些业障也得慢慢地忏悔，但是心一定要朝着善的方向、菩提大道去进取，这样一两年再回头一看，自己确实有很多的过失改正了，确实有很多贪嗔痴慢的念头淡化了，这就是进步。

【自罪引他，壅塞方术。】

"自罪引他"，是自己犯罪了，却嫁祸于人；"壅塞方术"是讲故意去阻挠那些方术，方术包括一些像医药、占卜、星象、算命这一类，这两条都是有罪的。要知道，过失人人都会犯，自己犯了罪也是因为一时糊涂，但是"过能改，归于无"，他能够承认错误，这个就很好，承认过失就能忏悔掉，"倘掩饰，增一辜"，如果掩饰自己的罪，文过饰非，那又增了一条罪名，更何况是把自己的罪故意去引嫁到人家身上？这个心是很恶毒的，这种"自罪引他"，不仅是要为自己开脱罪名,而且还诬陷拖累对方。

我们要懂得凡是大的过失都是小的过失引起的,古人讲:恶不积不足以灭身。真正大的罪业不是一天就能犯的。一个人从小到大对自己的心念没有检点,不能够改过,所以积累起来,最后遇到因缘就可能变成一个大罪。那么"自罪引他",我们引申地说,凡是自己心里面有了一些不善的念头,或者是不光彩的念头,就认为别人也是这样,这也属于"自罪引他",换句话说,这叫以小人之心去度君子之腹,把自己那个小人的想法,栽到别人的头上,这都是不对的。

我给大家讲一个故事。有一个单身的女子,新搬到一个公寓里面,香港大部分人都是住高楼公寓,公寓同一楼层里有一户人家比较穷,这个女子看到他们的家穷,就不想跟他们来往,怕自己被这家人拖累。有一天晚上,这个大楼突然停了电,屋里很黑,这个单身女子待在家里心里正在发毛,突然听到有人敲门,就问是谁,原来是那个穷邻居的小孩。这个女子就想:这黑灯瞎火的,他来找我干什么,马上起了一个戒备的心理。然后那个小孩就在门外问了:"姐姐,你家里面有蜡烛没有?"这个单身女子听了以后心里就想:"这个人家里穷的连蜡烛都买不起,现在来找我?我不能借给他!要是借给他了,他以后老来找我,那怎么办,岂不是被他拖累了?"就大声地回了一声:"没有!"结果门外的小孩继续说:"姐姐,我妈妈就是担心你家里没有蜡烛,所以让我拿两根蜡烛给你。"这个女子听了以后,心里非常惭愧,以小人之心去度君子之腹,这就是自己犯了过失,还想别人也是这样的,这就是"自罪引他"。

"壅塞方术",讲的是那些算命算卦的,他们也能够帮助人,启发人断恶修善,因为算命算卦的人都懂得善有善报、恶有恶报的道理,你要去打击他,阻挠他,以"破除迷信"的名义来对待他,这样也不好。因为这些人也有学问,《易经》讲的阴阳的道理,《黄帝内经》讲的五行的道理,这都是他们算命的理论根据。当然,如果是以算命算卦为幌子,招摇撞骗的不在此列。

【讪谤圣贤,侵凌道德。】

"讪谤圣贤"就是指用戏言来侮辱、诽谤圣贤,包括像释迦牟尼佛、孔老夫子、孟子这些世出世间的圣贤人。大圣大贤的存在对众生具有很大的利益,他们的教诲帮助一切众生断恶修善、破迷开悟、离苦得乐,我们尊重还来不及,怎么可以去诽谤他们呢?

侵凌、侵犯道德之人,这也是很大的罪恶。这条所讲的是不能够对圣贤之人、道德之人有诽谤,乃至对圣贤的画像、圣贤的经典不恭敬,都会有罪过。圣人是见了本性,恢复了本性、本善之人。他们的经典都是本性的自然流露,他们的心都是慈悲、仁爱。我们供奉圣贤的像,这是对他的怀念,也是效仿,我们恭敬佛菩萨的像,不是迷信,佛菩萨是老师,我们供奉老师的像,就像我们父母过世了,供奉父母的遗像,道理是一样的。除了怀念的意思,还有见贤思齐的意思。见到佛菩萨、大圣大贤,我们也要奋力修行，迎头赶上。为什么呢？我们的本性跟佛菩萨、圣贤人的本性是一样的，为什么我还在这里沉沦呢？为什么不能像佛菩萨、圣贤人那样具有大智慧、大慈悲呢？这是我们的耻辱，我们要奋起直追。

所以对佛菩萨、圣贤像要恭敬，不可以在圣像面前脱衣服或者有一些不恭敬的行为。经典也要放到非常干净的地方。像床上、厕所等家里不干净的地方，都不能把经典带进去。在这一点上恩师给我们做了好榜样。有一次我到恩师住的地方，恩师的寮房里非常整洁，寮房里面供养的佛像、经书，打扫卫生的时候得用新的专用的抹布来擦。恩师交代过义工，不能用擦一般东西的抹布来擦这些圣像和圣书，这表示恭敬。恭敬就得福，不恭敬甚至诽谤，就得大罪过。

我们一般人对这些罪恶和过失，要懂得在心底上检点自己有没有？哪怕是再微小的念头，身体虽然没造作，都要懂得把这些念头驱除掉。不要看因很小，因小果大，小的因如果没有谨慎驱除，积累多了将来就会造大罪业，也会有大的恶报。

下面是讲杀生的恶：

【射飞逐走，发蛰惊栖，填穴覆巢，伤胎破卵。】

这四句都是讲杀生的恶。"射飞逐走"，就是射杀飞禽，追捕野兽。古代用弓箭打猎，现在是用猎枪，让动物不得安宁。杀一个生命，就要还一个命债。打猎的人到了晚年身体都不好，我在美国时，认识了一位教授，人挺好的，但是很喜欢钓鱼，每个周末他都去钓鱼，自己家里有一个游艇，就开车托着游艇到湖里去钓鱼，很享受，钓来的鱼就拿回家吃了，结果他到六十多岁的时候，牙齿嘴巴老是痛，痛得他睡觉都睡不着，这就是现报，钓鱼就是拿鱼钩来钩鱼腮，结果自己的腮就痛。

"发蛰惊栖"是讲土里的虫，还在冬眠的时候就把它挖出来。蛰，就是冬眠的昆虫，二十四节气里面有一个节气叫惊蛰，雨水之后是惊蛰。惊蛰通常是要打雷的，春雷一响，就把土里的虫子都给叫醒了，叫惊蛰。没到惊蛰以前要把这些冬眠的昆虫挖出来，就叫发蛰。惊栖就是惊扰栖息在树上的动物。要知道，这些冬眠的虫、栖息的鸟就像人睡着了那样，是最软弱的，要是突然地惊动它，严重时会要它的命，这不是慈悲心。因此，这个时候不可以去伤害他们，对于生物都如此的爱护，对人怎么可以搔扰呢？所以当人家休息的时候我们也要注意，不能够"发蛰惊栖"，去骚扰他。即使是非常要紧的事，也要轻轻地把他叫醒，不可以惊吓他，否则，会出危险的。

"填穴覆巢"，就是把昆虫的洞穴给填满了，把虫卵憋死在里面；对树上的鸟巢倾倒、破坏。穴、巢是这些小动物们的家园，填穴覆巢就好像把人的家给破坏了。这就是没有慈善的心。

"伤胎破卵"这更是恶毒。如果是动物怀孕了，你去追赶它、打它，使它的胎儿受到损伤，蛋卵里面都会有一些生命，你把他打破了，这就是杀生。古人讲凡是子孙断绝的人，都是因为过去造了这种倾覆鸟巢、毁坏鸟蛋、焚烧山林、打猎，或者是抽干水塘来捕鱼，或者是堕胎损子的业因。

天有好生之德。人要懂得不仅不能造这些恶事，还要养自己的慈悲。我们应该效仿天，用慈悲的心对待万物，不但不伤害这些小动物，而且要懂得爱护他们，保护他们，像现在的"爱护动物协会"，这些协会都是在做好事情，提倡爱护动物，反对暴力。现在恐怖主义这么严重，恐怖分子引起的这些战争——刀兵劫，那是怎么来的呢？那都是人类杀生的报应。所以地球上什么动物是最大的恐怖主义者？人类啊。为了自己的生存，去毁灭其他动物的种族，这不都是人类干的勾当吗？那怎样才能消灾免难呢？除非人不再杀生、不再吃肉，这个灾难才能免除。

接下来这一大段从"愿人有失"一直到"助人为非"，这一段是讲柔弱之恶。这是身弱的不如人，反而内心起恶念。我们一条条来进行学习检点。

【愿人有失，毁人成功。】

这条是讲希望他人失败，毁坏别人的成果。看见人家做事情不能够随喜功德，反而心里想着他失败了，他遭殃了就更好。这是幸灾乐祸的心理。要知道"一切法从心想生"，众生的命运都是由自己的心念召感的，真的是"善恶之报，如影随形"。他既然是幸灾乐祸的心，那么他召感的自然就是灾祸。

"毁人成功"有两种：一种是亲自毁坏。看见人家做的事情故意地毁坏。人家做那些为社会为众生的好事情，他看了心里不服气，或者是这些事情影响到他的声誉，或者是任何种种的原因，为了一己之私而毁坏那件好事。现在这种人很多，所以，"好事多磨"啊！

【危人自安，减人自益。】

这句是讲，让他人来承受危险，自己得到安乐，通过减损别人来自己图利，为了让自己得到安乐利益，而去危害别人，去减损别人的利益，这都是极度的损人利己，自私自利到极处。要知道，一个人存了公心，他就与天道相应，起心动念为众生，这个符合性德。这是为什么呢？因为自性当中没有我。没有一个小我，所有的众生皆是我们自心所现之物，所以为众生也就是为我们自己。为一己之私，他已经远离了自性了。远离自性，他就逃不出因果报应。所以他怎么可能得到真正的安乐和利益呢？只有愚痴的人才会这么做。

看到人家安乐了，我们也应该随喜，但愿他人安乐，自己有危险也不在乎，真的像古人所说的"但愿众生得离苦，不为自己求安乐"。我们学佛的人，看到别人有困难、有危险，需要帮助，就要赶紧去帮忙。如果不是这样子勇猛慷慨去做，就难免有这种"危人自安，减人自益"之嫌。所以观世音菩萨千手千眼，她救度众生两只手不够用，伸出千只手来救众生，千处祈求千处应啊。有急难恐怖的时候，众生只要皈命观世音菩萨，至心称念"南无大慈大悲观世音菩萨"，观世音菩萨必定来救援，绝对不以自己安乐享受为第一，绝对是以救人为第一。

我们现在看到世界这么乱，乱的根本原因在于没有圣贤的教育。我们应该怎么做呢？学佛的人、明白的人，应该懂得，在这样一个世道人心滑坡非常厉害的五浊恶世，挺身而出，为社会做一个好榜样，不能够自己求安乐。修行不用功、懈怠、懒惰，那也是自己求安乐。

第一，是看到众生有苦难，我们不能振作起来去救他们，这就是危人自安。第二，佛法这么衰微，如果我们不能做一个佛教徒的好榜样，这就是危害佛法，这不就是"危人自安，减人自益"吗？这些我们都要好好地反省，真正勇猛地修行，"学为人师，行为世范"，这是真正救佛法，救众生，救灾难的最好方法。

【以恶易好，以私废公。】

"以恶易好"，就是把恶的东西、不好的东西拿去跟人家换好的，或是为了自己的私心，而去废弃公家的财物或者是公理。"以恶易好"，经常会发生在交易当中，用假的东西，伪劣的产品，冒充好的，这些都是"以恶易好"，这种叫作贪便宜，犯了偷盗戒。真正明白的人要懂得以好易恶，把我们好的东西给人家，人家不好的东西我们接收过来才对，这样能够启发众生，断众生的贪心，看到你这么做他就感动了。

现在社会恶的风气很重，杀盗淫妄，媒体里、街道的广告牌上到处都是，我们要知道，我们拿什么东西给社会呢？我们要反其道而行之，以佛法，以圣贤之道，这些好的东西来跟他们换，送给他们，改造社会风气，这样子就是救世。

有一个同修跟我讲，香港的污染实在是太大了，走到地铁站，出口通道那些广告牌都是引人邪思的，我们学佛的人，应该马上就把目光移开不再去看，不能够注目在那里。没看到不能去想，看了之后也不能想，把邪念驱除。我们这么做就是带动一个良好的社会风气，以我们这个好的形象，好的心行来唤醒社会的良心，挽回世道人心，这个就是"以好易恶"。

"以私废公"，就是讲用私心，歪曲公理或者是废损公物。公理应该去维护，去维护公理的话，就给百姓、给大众做了一个好样子，他们就知道哪些应该做，哪些不应该做。不可以用私心来废除一些公德，故意把公理说成是歪理，误导大众。或者是做官的，因为私心而违反法律、违反道德规范，这些都是"以私废公"。贪公家的财物，贪心未断，这个就是偷盗行为了。真正谨慎的人，一丝毫公物都不可以乱拿，你看恩师的老师——李炳南老师，以前在政府里面也做过公职，在单位里面哪怕是一张信纸，用来写私人信件都要请示领导，征得领导的同意，才可以用。不可以因私而废公，这都是我们很好的榜样。

【窃人之能，蔽人之善。】

这条是讲窃取他人的才能，掩蔽他人的善行。这些都属于阴恶，别人有才华我们应该大加提拔，别人有善行我们应该大加赞扬, 让人人都能够效仿, 这是一个善心。不能说人家有能力就把人家往下压, 把他的能力据为己有, 或者把他的一些成绩搬到自己的头上。别人有的善行, 我们因为嫉妒怕他出名, 怕他得到名闻利养, 会影响到自己, 把他掩盖下来, 这都是嫉妒。嫉妒心是心灵的肿瘤, 这个肿瘤如果不在它小的时候去除, 将来越长越大, 就会一发不可收拾。造恶业、堕地狱, 都是这些小因积累而成的。

【形人之丑, 讦人之私。】

这条是讲, 显露他人的丑事, 看见人家丑(包括身体上的缺陷, 一些耻辱, 一些丑事), 就大肆形容, 描绘得有声有色; 看见人家的隐私, 就去揭发。"讦人之私"的讦就是揭发。口业是最容易犯的, 而犯口业最容易的就是讲是非。别人有一些隐私, 就拿出来说, 说出来自己觉得很痛快, 却不知道损阴德, 冥冥中触怒了鬼神, 天庭已经记录了这些罪恶。本篇里讲, 积一条罪恶就小则夺算, 大则夺纪, 一算是一百天, 一纪是十二年, 算尽则死, 怎么可以不畏惧呢?

假如别人有先天的身体缺陷, 我们应该加意去怜悯关怀, 怎么可以嘲笑他呢? 如果他是因为做了错事, 心里羞愧, 那我们应该尽量地去包容他, 帮他隐藏, 让他回头改过, 怎么可以去揭发他呢? 揭发他不但是跟他结怨仇, 而且会给这个社会带动不好的风气。

现在是民主社会，新闻出版自由，所以"形人之丑，讦人之私"的报道可以说每天都有，比比皆是。甚至有些新闻媒体以播放、刊登那些丑事、隐私为荣，来取得读者、观众的所谓"口碑"，这不是误导社会大众吗？

【耗人货财，离人骨肉。】

这条是讲减损他人的货物，或者是财物，离散他人的骨肉。人的财富都是因为布施而来的，前生或者是这一生做救济贫苦、施财这样的善事，感得自己的财富。如果是用蒙骗、欺诈等卑鄙的手段去骗取人家的财宝，想要取得别人的财富，这都是在减损自己的福报啊。而别人家里的财富呢？假如他有德有福，那是不会耗掉的，如果他家真是出了个不孝子孙，货财损耗了，那也是他家有因果。

比如说开赌场，就叫"耗人货财"。别人本来是一个小康的家庭，可是因为有了赌场，他就去赌，刚开始的时候呢，可能是好玩，一赌就上瘾了，非得把家产丧尽了才罢休，这就"耗人货财"。家产耗尽，家庭不和，子孙可能因为父母不管他就去外面浪荡不回家，这就叫"离人骨肉"。离人家的骨肉，减损人家的家产，这都是很大的罪业。开赌场让多少人可能倾家荡产，让多少人可能含恨自杀，导致多少家庭破裂！

【侵人所爱，助人为非。】

这是讲侵夺他人所喜爱的东西，帮助别人干坏事。每个人都有自己喜爱的东西，既然自己喜爱的东西不想被别人侵占，怎么可以去侵占别人的东西？"己所不欲，勿施于人"，人的所爱，可能是家产，可能是一些珍贵的古玩、传世珍宝，或者是妻、女。如果侵占人家的所爱，这是干了伤天害理的事情，天的报应是不可能放过他的。

"助人为非"，人家作恶事，我们不能跟着他做，有机会还要劝阻他，怎么可以来跟他一同做呢？一同来做，那肯定就是为了讨好他，谋取自己的私利，你跟他一起干就是同归于尽。

下面这一段，从"逞志作威"一直到"纵暴杀伤"，这是讲刚强的报应。

【逞志作威，辱人求胜。】

这一条是讲任意地作威作福，用威势来欺凌别人，侮辱他人，来求取胜利，这是刚强之恶。真正的君子一定是"温、良、恭、俭、让"，对人和蔼，内心正直，严以律己，宽以待人，绝对不会用自己的威势来欺压别人。通过侮辱别人来求胜利，这是好胜好到极点了。这个好胜的心哪怕是做善事也不能生天，他只能到阿修罗道，更何况他是作恶事侮辱人！用侮辱别人的方法来求取自己的胜利，显示自己的威风，这些事情我们看到的也很多，现在民主社会里的竞选，竞选里面互相攻击，互相辱骂来拉选票。这是小人之举，真正的君子、贤人，他是不会干这些事情的，侮辱别人就是侮辱自己，自己变得卑鄙可耻，这不就是自辱吗？

【败人苗稼，破人婚姻。】

这里是讲破坏别人的农作物，破坏别人的家庭婚姻。要知道苗稼是农民赖以生存的东西，"败人苗稼"就是恶意的去毁坏人家的生活来源，真正有慈悲心的人帮助人家都来不及，怎么可能打人家的饭碗，破坏人家的生活来源呢？

"破人婚姻"，那个罪是很大的，要知道婚姻是天配，我们看到人家结婚时的楹联写的什么？天赐良缘。什么叫天赐呢？过去生中修来的缘分，这一生他们俩在一起，就有这个婚姻的缘分，这是很难得的。古人讲"五百年修得同船渡"，同一条船上的人要五百年的缘分才能在一起，何况是夫妻呢？所以看到人家夫妻应该多一点鼓励，使他们互相敬爱，以道义、恩义、情义来维系，不可以劝人家离婚。甚至有一些人为了自己的淫欲、私利，侵占人家的妻子，或者是勾引人家的丈夫，这些都是破人婚姻的，果报都在地狱。看到别人夫妻吵架，闹离婚的，我们如果不能够委婉地相劝，帮助他们维系，帮助他们觉悟明白，这都没有尽到责任。甚至还有一些律师故意怂恿人家离婚，打官司，分财产，这样他就可能得到一笔诉讼费，这些都叫"破人婚姻"。

【苟富而骄，苟免无耻。】

这里是讲如果侥幸得到了财富却骄傲自大，或者侥幸得以免除惩罚，竟然毫无羞耻之心。要知道一个人的富裕不一定长久，有德的人才能有子孙保财保家。《了凡四训》里面讲，有十世之德者，就有十世子孙保之；有百世之德者，就有百世子孙保之。所以你自己想想，你的富贵堪受几年呢？你怎么能够骄傲呢？更不可以因为自己的富贵而去欺负贫贱，显自己的富，故意做出那种富态，这都是福报浅薄之相。

无耻再大也大不过自己造了罪过，或者是罪过侥幸免除之后，没有任何羞耻心，这是最无耻的。所以要懂得生惭愧心，惭愧是善法，无惭无愧的人他就不知耻，就不可能避免灾祸。

【认恩推过，嫁祸卖恶。】

这一条是讲冒认恩德，推卸过失，通过嫁祸于人来推卸罪恶，现在很多这样的人，自己没有给人家施恩，却认为自己有恩德，还跟人家说。自己有过失，推给人家，嫁祸于人，让人家承担恶人坏人的罪名，这些都会遭天怒。

【沽买虚誉，包贮险心。】

这一条是讲买卖虚假的名誉，包藏着险恶的居心。要知道名誉是实至名归，自己有这个才华道德的，名誉自然就来了，小人才会花钱买一些名誉。像有些所谓的"慈善家"故意买一个慈善家的名义，做一个大布施，心里面不是真的慈善，这都是属于"沽买虚誉"。"包贮险心"就是自己居心叵测，险恶无比，损人利己，这种不良居心，虽然人不知道，可是天地鬼神看得清清楚楚，报应怎么能逃得过呢？

【挫人所长，护己所短。】

这句话讲的是抑制、挫折别人的长处，而且还为自己的短处辩护。一个君子看到人有长处、有优点，一定是赞叹，并且见贤思齐。挫人所长的人，是因为心存嫉妒，看到别人有好处、有长处，自己不如人，心里就不舒服，还要付诸行动，压抑人家，这都是心地阴险的表现。"护己所短"，这也是讲小人，为自己文过饰非。其实人只要不是圣人，都是多多少少有短处的，这也不足为怪，对于君子来讲，绝对不会遮掩自己的短处，而是勇于承认自己的错误，勇于向大众忏悔自己的过失，绝对不会为自己的短处来掩盖庇护，只有小人才会这么做。这样做的结果是短处永远改不了，永远存在。别人只会越来越远离他，甚至摒弃他，因为这个人不能纳谏，不能受教，所以正人君子、善友都不会与他为伍，自己只好一直沉迷下去。所以护己所短是一个大毛病，应该摒弃。听到人家说我过错，批评我，欣然受赐，很高兴接受他这种批评，这是对我的赏赐，让我能够提升，我们应该生起感恩之心。

恩师劝导我们这些学讲经的同学，在学习的阶段必须要勇于向听众请教。自己是初学，在座的听众很多是老修行，我们自己是学生，听众是老师，来监督我们，指正我们，应该虚心地向大家请教，自己有不足的地方，立即改正过来，这样进步才快。绝对不可以说我现在作了讲经法师了，每天在这里讲因果教育，教人断恶修善，然后就以一个善人，一个老师自居了，这样的心理就是一种护己所短、不肯上进、得少为足的心理。所以我在这里学习，要请在座的各位多多给我批评、指正。

【乘威迫胁，纵暴杀伤。】

这句话是讲利用自己的威势来胁迫人，自己放纵自己的暴行，来残害生命。这里包括杀伤人命，对人他都能够施以残暴，那么对动物就更不用说了。前面讲的"逞志作威"，那只是讲一个人很凶恶，很蛮横，这里讲的"乘威迫胁"就是付诸于行动，用武力用威势来逼迫人，就像当官的用自己的权力压迫百姓，大国用自己的武力来胁迫小国，这些都是乘威迫胁。要知道现在权势只是暂时的福报，这个福报如果没有德行的根基，是不会长久的，过几年再看他就弱下去了，就有后起之秀超过他了。

"纵暴杀伤"，是放纵自己的暴行，凶狠、毒辣地去杀害人，杀害众生。像帝国主义侵略者，发动战争，这些都是"纵暴杀伤"。残害的大部分都是百姓，战争中受害最大的就是百姓。所以真正发动战争的人，是没有好下场的。

下面四句讲的是不惜物力的恶行：

【无故剪裁，非礼烹宰。】

这是头两句，讲无缘无故地进行剪裁，包括裁剪衣服，做衣服，违背礼法，宰杀这些畜生。我们要知道一件衣服得来不容易。《朱子治家格言》告诉我们，"半丝半缕，恒念物力维艰"。身上穿的一丝一缕都是有很多人的劳动在里面。就全棉的衣服来说，从种棉花到收成，到织布，到做衣服，剪裁，然后通过销售的渠道才能买得到。无缘无故浪费这些布匹，为了追求所谓的时髦，定做或者是买很多的衣服，这些都是不珍惜物力。更何况又是丝织品，一件衣服用这么多丝，要杀死多少蚕？蚕要吐出这些丝结成茧，蚕茧都要拿去煮，煮完了之后再抽丝，一件丝绸衣服是无数条生命换来的。无故剪裁就等于滥杀了，所以衣服够用够穿就好了，不可以追求多。

"非礼烹宰"，这是讲到杀生吃肉。为了饱自己的口腹之欲而去杀害物命，古人杀生都是讲礼的，在《礼记》上讲，天子无故不杀牛，大夫无故不杀羊，士无故不杀猪狗。古人杀生是因为祭祀，或者是重大的礼节才去杀生，平时都是吃素的。孟子也说，七十岁了才可以吃肉，我们现在为了吃肉，为了追求这些所谓的美味而杀生，这都是有很多的物命在里面。吃饱了还洋洋自得，不知道自己害了这么多的命，将来是要偿还命债的，今天吃它半斤，来世还它八两，丝毫不爽。

【散弃五谷，劳扰众生。】

这两句也是讲任意地散弃五谷粮食，随随便便去搔扰百姓众生。我们从小都念过一首诗："锄禾日当午，汗滴禾下土，谁知盘中餐，粒粒皆辛苦。"父母教我懂得珍惜粮食，吃饭一定要把碗里的饭吃干净，不能留一颗饭粒，掉到地上的都要捡起来吃掉，不能够浪费粮食。

恩师给我们做了很好的榜样。有一次我跟他在一起，桌面上有一些花生，恩师剥这些花生吃，突然一颗花生豆掉在地上。我就跟恩师说："这个掉在地上脏了不要了。"恩师没说话，从地上捡起这个花生就往嘴里送，恩师用身教告诉我们：不要浪费粮食。

我父亲曾跟我讲，他小的时候生长在广州市郊农村，有一户地主家庭，比较富裕，地主的儿子很浪费，浪费到了让人忍无可忍的程度。当时刚解放不久，生活水平还非常低，大家都是为了糊口而辛勤劳作，很穷、很苦，而这个地主的儿子，一天到晚游手好闲，坐在村里池塘边，拿一些腊肠扔进水池里去喂鱼。他还说，我宁愿把这个腊肠扔下去喂鱼，也不能给这些穷人吃。后来土地改革斗地主，大家先把他揪出来斗，把他的家产全部都抄了，这个人后来流落街头，做了乞丐，最后饿死了。所以浪费粮食，不惜物命，最后就得这种果报。

下面这一段讲的是"显横恶"，很阴险、蛮横的恶，从"破人之家，取其财宝"一直到"损人器物，以穷人用"。

【破人之家，取其财宝。】

这句是讲，破坏别人的家庭，来夺取人家的财宝，这种是施用了暴力来破坏别人的家庭，即使是无意地破坏了人家的家庭，这都是很损阴德的。更何况他是故意施展他的蛮横，冲进人家家里，去夺人家的财宝，这是强盗，破人家庭，谋财害命。确实这些事情不仅是强盗做得出来，一个当官的如果不是为这个地方的百姓来服务，而是横征暴敛，致使本地的百姓生活在痛苦之中，经济崩溃，家庭受损害，这都是属于"破人之家，取其财宝"。要知道，财宝不是想取就能取得来的。财宝是怎么得来呢？那是布施得来的：一个人，做财布施，他就得财富的果报，假如他要强取豪夺，甚至损害人家的家庭，不仅财得不到，最后自己的福报也会消尽。

【决水放火，以害民居。】

讲的是把水堤给挖开了，或者放火来焚烧，做什么呢？损害百姓的房屋，这些都是非常恶劣的行为。比如说水灾的时候，故意把堤坝给挖开，水冲出来，破坏了很多生命财产。甚至放火，烧人家的房屋，强行抢劫，然后杀人害命来毁灭证据。另外一种，他可能是因为报复，跟人家有怨结，用这些水火来侵害大众的利益，以满足他报复的欲望，这都是造了很大的孽，这是天地所不容的。

【紊乱规模，以败人功。】

这个规模是制度的意思，对制度进行扰乱，败坏他人的成功。制度是用来维系社会秩序的，在一个政权建立之后，如果没有制度，这个国家就不能正常运行。一个团体，如果没有制度，就不能够正常运作。如果是故意来扰乱正常运行的，这也是造很大的孽。

【损人器物，以穷人用。】

这是讲损坏别人的器物，令别人没有办法使用，让人贫穷。不同的人，他所用的器物也不同，比如农民用的是锄头、犁、拖拉机等器物，用来耕作种植粮食的；文人用的是纸笔、书本；武官用刀枪，这些器物如果被损坏了，他们就没办法施展才华。如果是要损坏他们的器物，让他们生计没有依靠，或者是才华不能施展，这些都是非常阴毒的行为。

我记得在上中学的时候，我们班有一个同学学习很好，结果考试前复习的时候，他的书本不见了，怎么找也找不到，没办法就硬着头皮考试了，等考完了之后，他的书本又回来了。不知道是被谁拿走了，可能是班里有同学嫉妒他，所以老师非常严厉地对我们全班进行了讲话，谴责这种嫉妒的行为。你把人家的书本拿走了，别人没办法用，这种嫉妒心对自己能有什么帮助吗？你对他也未必有真正的损害。这是愚痴的人才会做出来的，只会损坏自己的阴德。

下面这一段是讲"藏阴恶"，就是内心深处的阴暗面，这些恶行，包括从"见他荣贵"，一直到"愿他身死"。

【见他荣贵，愿他流贬，见他富有，愿他破散。】

看到别人荣华富贵就心生嫉妒，希望他被贬官，希望他荣华富贵消失掉。看到别人富有，心里生嫉妒，希望他的家财破散，这都是非常恶劣的心态。虽然没有付诸行动，就是有这种念头，都是极大的罪恶。要知道人家的富贵，是过去生中修行所得的福报，现在嫉妒他，有什么用呢？他不会因为别人的嫉妒而福报消除，而生这些恶念的人却毁损了自己，造恶必定有恶报啊，所以自己会更加的穷困。不愿意人家富有，怎么可能自己富有？一切法从心想生。想着要人家贫穷，结果自己先贫穷了，被想"成功"了，老是想穷，自己就穷了。看到人家富有，应该对他生起一种正念，知道这是他过去生中修的福报，他这一生如果能继续修福，这个富贵就能够延续，如果他这一生糊涂了，在富贵当中迷了，不知道修福，他造孽了，那也不能够希望他破散。要可怜他，怜悯他，而且要想方设法启发他，让他觉悟：富贵不常有，只有修德才能够保福。

【见他色美，起心私之。】

这句话讲的是邪淫的恶，看到别人姿色美丽，起心动念了，生起了淫恶之心，贪淫的念头。淫为万恶之首。古人讲色字头上一把刀, 那个色字上面是一个刀字头, 它是什么呢? 它是杀人的刀。杀人虽然不见人头落地, 但是这种恶念却毒害自己的身体, 毒害自己的心地, 最终是堕三途。《太上感应篇》对于禁止淫念, 是非常的含蓄, 为什么要含蓄呢, 因为这个事情要自己仔细留意去审察自己的念头, 不必多说, 多说了之后反而加重了负面印象。太上老君是良苦用心。其他的恶, 杀、盗讲了又讲, 对淫恶却是点到为止, 但是我们要知道, 这个淫恶绝对不会比杀、盗的恶轻, 而且是万恶之首。特别是当今的社会, 淫风炽盛, 邪淫的事情都不是新闻了, 甚至走在街道上, 在朋友之间的聊天里面, 都不觉得是一个可耻的事情。我们要大声疾呼, 扭转这种风气。要知道如果是奸淫他人的妻子, 就会遭到相应的报应, 这就是古谚语所说的"劝君莫借风流债, 借的快来还得快, 家中自有代还人, 你要赖时他不赖"。所以淫念多的人, 他的厄运就多, 因为这个念头起来了, 是很难控制的。他可能会不惜去造作杀、盗等大的恶行来满足他的私欲。相反如果是淫念少的人, 心地清净的人, 他们的身体都是健康的。血气不会外泄, 精神好。古人讲的五福临门: 富贵、长寿、康宁、好德、善终。能断淫念的人至少康宁、长寿、善终这三福都能得到, 而且古人所说的, 这个贵就是功名, 有功名的人一定是有德行的, 如果是在色上面犯了过失, 这个富贵就被削减了。

民国时候有一位著名的诗人徐志摩, 可能很多人都知道他, 也看过他的诗, 现在这些诗还在大学里面流行。这个人出生在一个大富人家, 父母很有钱。他在国内娶妻生子, 后来带着他的太太张幼仪到英国去留学。在英国求学期间，徐志摩认识了一位中国女留学生，名字叫林徽音，徐志摩就追求她，竟忘记了自己是一个有妇之夫。林徽音知道他是一个有家庭的人，就拒绝了他，还故意避开他。结果徐志摩回到家里竟然对他自己的太太泄愤，骂他的太太，说他的太太是"土包子"，嚷着要跟他的太太离婚，并且口口声声说他自己要做"中国第一个离婚的男子"，古代都没有听说过离婚的，他要创一个首例。当时他太太已经怀孕了，徐志摩也不管，把他太太留在公寓里面自己走了。太太有孕在身，又不懂英文，在英国也是人生地不熟，非常的凄惨，甚至想要自杀。当时他太太的哥哥在德国，知道了这件事以后就劝妹妹，说："你不可以寻短见，先来我这里，把孩子先生下来，我们来抚养。"所以他太太到了德国。结果徐志摩又追到德国，拿着离婚书，逼他的太太离婚，太太看他这个样子，悲痛欲绝，于是就在离婚书上签了字。徐志摩真的如愿以偿地做了"中国第一个离婚男子"，拿着这个离婚书之后就赶到了英国去追林徽音，结果发现林徽音已经离开了英国，回到了北京，在北京跟别人结婚了。

林徽音不喜欢这种浪漫式的人，因为徐志摩的这种感情不是正义的。违背道义和恩义的人，怎么可以信赖呢？后来徐志摩留学归来，在北京大学任教。在教书期间，认识了陆小曼女士，徐志摩和陆小曼的婚恋史很多人都知道。其实陆小曼也是一位有夫之妇，她的先生是当时哈尔滨军区的一个司令员，是美国西点军校毕业的，跟美军的五星上将麦克阿瑟将军是同学。徐志摩又开始追陆小曼，陆小曼跟他也是情投意合，后来两个人就结婚了。

徐志摩的父母非常生气，就断绝了给徐志摩的给养。于是，徐志摩就靠在大学里面教书，再打工赚点钱养活家庭，因为两个人生活浪漫惯了，都是骄奢淫逸，所以花费特别大。后来陆小曼喜欢上海那种浮华的生活，就又到了上海，于是徐志摩就奔走在北京与上海之间，他在北京教书，挣了钱，然后又到上海，当时是刚刚有飞机，他就坐飞机来往于两地之间。过的是辛苦操劳的生活，后来陆小曼又跟一些戏子们纠缠在一起，这让徐志摩非常地气愤，两个人常常发生口角，有一次他们吵完之后，徐志摩就赶往北京，想要去看他以前追求过的那个女子林徽音。没想到就在途中，从上海到北京的路上，飞机失事坠毁了，这位年轻的才子结束了他三十五岁的生命。

这就是一个对自己的家庭不忠、对太太不义的徐志摩，他最后的果报就是这样。反过来看他的原配夫人张幼仪是一位很贤惠的人，也非常地传统，即使被先生抛弃了，还一样孝顺徐家的二老，并且把孩子带大。后来她回国到了上海，在上海做了一个银行的总裁，很有身份和地位，也很富有，她还主动拿钱去周济徐志摩的第二任太太陆小曼，很难得。另外，她还请了一个儒家的教师，每天给她讲四书五经及做人之道。她一直活到了八十九岁，这是福报。

印光大师说：不淫获福，犯淫致祸。如果世人在女色关头不能够彻底看破，那么至高的德行，至大的安乐，子孙无穷的福音，来生贞良的眷属，都会断送在俄顷之间。那一时的快乐如刀头舐蜜，还没尝到甜头舌头就被割掉了，所以世人对这点应该非常地谨慎。

见到美色，动了心就已经造作了恶业。要知道犯罪包括身行、言语、起不正的念头，这些都是罪业。见到美色，动了邪念，就等于是犯了邪淫，如果是行为犯了邪淫，那更是罪加一等了。要知道犯邪淫的人，他的福报消减得最快，本来有很大的福报，一下子就被消减殆尽了。

人为什么看见异性就会起邪念呢？绝大多数都是被异性的外表所迷惑，因为她（他）长的年轻、皮肤好。看起来很丰腴，自己的心里面就会动念头。其实全被外表所迷，你说不是被外表所迷，为什么你见那些老病的人，皮肤都长满了皱纹，很衰老的人，就不会起邪念呢？这证明念头本来是空的，都是因为你遇到了这个缘才生的。所以当下把念头放下，这是用的上乘的功夫。比如说走到路上看到女色，你的目光马上离开，看到地铁通道里那些不健康的画面，马上把目光离开，非礼勿视，而且心里也非礼勿动。这非礼勿动，不是只说身体，身体当然要非礼勿动，心里的念头也要非礼勿动，不能去想，不能让这些邪念念念相续。我们念佛的人用佛号来截断这些邪念，或是马上提起正念，比如说想到"见他色美，起心私之"，这是要遭天谴，人神共怒的，我不可以犯，念头一起，鬼神都知道了，这样去警醒自己，生恐惧心理，这是一种很好的方法，在念头刚出现的时候就要把它覆盖，把它截断，不能让它相续。要断这个邪念不太容易！这都是习气太重了，念头已经起来了，还压不下去，那怎么办呢？这里跟大家介绍另外一个用功的方法, 很有效, 这是佛门提倡的不净观, 先跟大家讲一个故事。

唐朝的一代名相狄仁杰, 他是武则天的功臣, 为人正直廉洁, 是一代贤相。他年轻的时候, 有一次在上京赶考的路上, 在一个客栈留宿。客栈的主人是一个新寡的女子, 看到狄仁杰风度翩翩, 就到他住的房间来敲门, 想要跟他约会。狄仁杰正在屋里看书, 听到外面敲门, 问是哪位, 外面就报了姓名。他开门一看, 原来是这个店的女老板, 打扮得花枝招展。狄仁杰看了心里一动, 但马上就冷静下来了。知道了对方的来意, 狄仁杰就很严肃地跟她说: 他曾经遇到一位老和尚, 对他说他的面相, 长得很富贵, 但是要注意一点, 不能在色上面栽跟头, 如果色关过不去那恐怕富贵就难保了。为什么呢? 因为这是最损阴德的。狄仁杰那个时候就问老和尚, 说美色当前而不乱, 这功夫非常难做到啊, 有什么办法可以比较方便地让我们能够受持呢? 于是老和尚就传给他一个方法大凡看到美色心动了, 都是因为被色相所迷惑, 要知道, 这个色相也就是外面薄薄的一层脸皮而已, 想想里头都是肮脏的东西, 里面的血肉、筋骨相连, 拿出来是浑浊不堪的, 臭味难闻, 乃至身体里的五脏六腑, 肠胃里面还有那些残渣粪便, 都是冒着臭气的, 像张着口的粪袋。就像我们这个课堂里面, 有人抬进来一大袋粪, 两头扎着口, 虽然是扎了口, 还有余气冒出来, 大家一定是捏着鼻子赶紧走开。我们想想人是什么? 原来是两头张口的粪袋。大家想想是不是呢? 你吃进去的, 那一定是变成粪了, 两头还不封口。再想想, 一个人年轻的时候, 美貌是

一时的,假如有一天她生病了,病入膏肓,脸色苍白,两只眼圈黑
黑的,眼睛深陷进去,皮包着骨,瘦弱不堪,头发蓬乱,伸出五个
手指,纤细的就像那个死人的骨头一样。还有,老了以后,脸皮都
是皱皱的,筋脉也都浮起来,头发也花白了。过没几天就要死了,
死了之后你再看身体,散发着臭味,长满了蛆虫,那个蛆从身体
里面爬出来,一个洞一个洞的,体无完肤,把她(他)丢到野外,
可能野狗把一只腿给咬掉了。头发筋骨都飘零了,日晒雨淋以后,
也不成人形了。你想想这个情况,我问你还有淫欲心吗?狄仁杰
此时一想这些就像是冷水浇头,炽盛的这个心,就冷下去了。这
就是不净观的功夫,不净观功夫好像很可怕,但不用这样的一种
功夫,很难把这种无始劫来的习气烦恼给断掉,见到美色就起贪
爱,不是这一生,而是生生世世积累下来的恶念,正所谓"一切
众生皆因淫欲而正性命",为什么在六道里面轮回,最根本的原
因就是这一条。佛曾经说过,幸亏众生只有贪淫这一个大烦恼,
如果再有另外一个烦恼的力量能够比得上贪淫这个烦恼,那众
生就没有指望出六道轮回了,这是大烦恼。

不净观的功夫用久了你的心地就会清净了,经里说,用不净
观的功夫,久而久之,身体都能够冒清香,这是为什么?这是放下
了贪淫的念头,身心清净,这是戒德出馨啊。

狄仁杰就跟少妇讲了这个事情说:"刚才你一进来我马上就
起用了这个观照,才使我的心能够安然不动,你现在也不妨用这
个观法来观察我,想我也是这样子的一个臭秽无比的人,想想我
老、我病、我死的时候的样子,那你这个念头就能够压下去。"结

果这个少妇就自己闭上了眼睛观想了一下，然后拜倒在地，感恩狄仁杰，不仅保全了她的名节，还教导她断淫的方法，以后这个少妇就一直为丈夫守节，还受到了朝廷的表彰。狄仁杰后来上京赶考，考上了功名，后来又做了宰相，成为一代名相。

"见他色美，起心私之"，要防微杜渐，平时要懂得用功，在大难当头的时候，就能把持得住，不受诱惑。

【负他货财，愿他身死。】

这是讲欠了他人的财物就盼望人家早死。你看这个心多么恶毒，本来借了人家的钱，应该常想着还给人家，结果他不想还，还想人家赶快死，死了就可以不还了，这样的心肠，当然，天道不会饶过他的，他一定会受到报应。

下面也是讲到内心阴毒的恶。

【干求不遂，便生咒恨。】

这条是讲，求人家办事，或者是要借人家的物品，别人不答应，自己不顺心，竟然发狠，咒骂人家，这种都是蛮横无理的小人才会干的，这里跟大家讲一个故事。

在河南省某村子里有一个人叫小二，倚仗着他爹是村长，就蛮横霸道，是一个恶少。当时农村很多人做生意，这个小二也想学人做生意，可是他用心不正。有一天，他到一个叫二军的村民家里, 伸手跟人家要钱, 说拿这个钱做生意, 要多少呢? 要一千块钱, 二军不肯给, 结果小二非常气愤, 就破口大骂, 骂得不过瘾, 第二天又来骂, 骂得很难听, 说要打断你的腿, 扒你的皮, 反正难听的话都给骂出来了, "干求不遂, 便生咒恨"。二军的妻子听不过了, 就顶了两句, 结果那个恶少竟然是火上浇油, 伸手掐住二军妻子的脖子, 差点把她掐死了, 幸亏当时在场的人把恶少一把拉开, 才不至于出人命。这件事情过后, 恶少非但不赔礼道歉, 反而继续要钱, 而且继续骂, 把二军家给搞的没办法, 只好把这一千块钱给了他。

这个事情没多久, 大概是几个月后, 小二的两只腿突然非常地疼痛, 痛得他都忍不下去了, 到医院一检查, 发现是骨癌, 最后被迫在医院动了截肢手术, 把两条腿都锯掉了。因为要锯腿, 所以就在身上其他的地方把皮切下来, 一块一块补在那个截肢的部位, 没过多久, 小二竟然死了。恶少的报应这么快, 他骂人家说"我要打断你的腿, 扒你的皮", 没想到他自己的两只腿被锯掉了, 自己的皮被扒下来做植皮, 都是应了他自己说的话, 最后死了, 得了这个报应。

反过来看, 这个二军, 他为人厚道老实, 这次吃了亏, 但后来发达了。生意做得很红火, 家里也富裕了起来, 从这里我们看到天道好还, 善恶报应非常的分明。

【见他失便, 便说他过。】

这句是讲看见人家不顺利的时候，就说别人罪有应得，"谁叫你做错事，你活该"，不但不生怜悯心，而且还生一种幸灾乐祸的心。看到别人不顺利他就高兴，甚至还要讥笑别人，说别人的过失，这些都是大恶，内心深处那种阴恶，要知道鬼神是最痛恨那种阴恶的人，最敬佩的是光明磊落的人，所以我们要学习正人君子，把自己的心修得纯净纯善，这样才能有福报。

【见他体相不具而笑之。】

这句话是讲看见人家身体不健全，竟然加以讥笑。要知道残疾人心里都比较自卑，自己天生的或者是后天的原因造成了这种残疾，固然有他的业因果报，可是我们看见他有这种果报，应该生起怜悯同情心，多多地关怀他们，帮助他们，怎么可以非但不帮助，还要去笑话人家，去嫌弃人家，这都是要遭到天怒的。

唐朝的卢杞，生的很矮小，脸色很难看，开始是一个小官。有一次，郭子仪生病了，百官都来看望他，郭子仪就请很多侍女来接待，后来听说卢杞要来，就赶紧让这些侍女回避，请一些老年妇人来接待。之后别人就问他为什么要这样做？郭子仪说，卢杞面貌丑陋，而且心地很恶毒，报复心又很强，我们家这些年轻的侍女又不懂事，假如他来我们家，看见了卢杞的这个相貌讥笑他的话，他可能会怀恨在心。结果后来卢杞当上了宰相，因为他报复心很强，以前所有得罪过他的人都被他报复，治罪或杀害。唯独郭子仪一家没有遭到他的报复和伤害，这是郭子仪懂得立身处世之道才免遭报复。

【见他才能可称而抑之。】

这是讲看到别人的才华、能力值得称叹，不但不去称叹还要去贬抑人家，这些都属于嫉妒障碍。如果是障碍世法，障碍世间有才华的人都是大的罪过，更何况是在佛门里面。如果障碍一个法师，那罪过就更大了。《发起菩萨殊胜至乐经》里面讲到，拘留孙佛时代，有一群比丘对两个说法的法师生起了嫉妒心，看见两个法师法缘殊胜，名闻利养很丰足，于是就嫉妒，无中生有说这两个法师做邪淫的事情。听众听到这件事情，就不再听法了。断了很多众生的法身慧命，结果这一群造谣生事的比丘死后堕到了阿鼻地狱。在地狱里面一千八百万年，出来还要做五百世的残疾人和贫穷下贱的人，受这样的果报。所以，可不能随随便便的造这些口业，看见人家有才华有能力的，生起嫉妒心，这叫自取毁灭。

下面一段是讲忤逆之恶。逆天，违背天道的这些恶行：

【埋蛊厌人，用药杀树。】

这句话是讲，埋下蛊来害人，什么是蛊呢？蛊就是古人用来咒骂人、害人用的一种迷信的方术。像《红楼梦》里面讲过一个例子，赵姨娘是贾政的二太太，她生的孩子为庶出，贾政的大儿子是贾宝玉,她就嫉妒贾宝玉。有一次,她做了个小木人,是贾宝玉的样子,然后用钢针扎在木像身上,把它埋起来,用咒语来毒害贾宝玉。结果贾宝玉真的大病一场,后来就被查出来了。这种是什么呢?阴恶。在暗中、在阴暗的地方去害人,那么他能不能害到人呢?那得看是谁,像一般的凡夫俗子没有什么功夫,没有定慧,就可能被害到,会受影响,但是对于大德之人,戒定功夫好的人,就不受这些损害,于是,这些损害就弹回去了,施这些妖法的人倒是要受害了。要知道做这些事的人,用这种阴毒的方法害人,鬼神最忌恨。

"用药杀树",就是用毒药把树杀死,出于种种目的,可能嫌这个树,挡着家里出门的路,或者是为了坏人家的风水,反正种种企图吧,就把树用毒药给杀死。大家都知道树有树神,要杀死这个树等于把树神的家给破了,这就是得罪天地鬼神。

【恚怒师父,抵触父兄。】

这一条是讲,对师父的教训产生了怨恨的心理,甚至会愤恨,对于父亲兄长的教诲也进行冲撞、顶撞,甚至冒犯。前面讲的"慢其先生",这是对老师的不敬,傲慢无理。这里"恚怒师父"说的就更严重了,对老师甚至还会怨恨,这都是良心完全丧尽了的表现。要知道父母和老师对我们都有很大的恩德,父母生我的生命,老师给了我慧命,这个恩一生一世都报不完,怎么可以去怨恨、抵触、冒犯他们呢?

这都是大不孝，大不敬。如果我们从小就教导孩子孝悌，就不至于长大以后因为一些小小的私欲，或者是一些小的过节而造这样的罪过。

【强取强求，好侵好夺。】

这里是讲用强迫的方式来取得，用侵占的方法来强夺，这些都是自己攀缘。要知道做人应该时时懂得行好事、积阴德，自己有钱应该多拿出来帮助别人，没钱也能安贫乐道不求人，非常快乐。为了满足自己的欲望而去强取强夺，勉强地贪取分外的东西，甚至还要用暴力的手段去侵占，没想到自己夺来的、占来的，都是命中本来就有的，你不用这些手段也能获得，用这些手段只会消减自己的福报。

下面一段讲的是夺志恶，是侵夺丧志这些方面的恶行：

【掳掠致富，巧诈求迁。】

这一句是讲，以强力掠夺来致富，用奸巧伪诈的手段来求得自己的升官，就是求富求贵没有用正道。要知道人富贵都是命中注定的。了凡先生在年轻的时候遇到了孔先生给他算命，算他得多少功名，受多少俸禄，都算得非常的准确，证明人命中的富贵早就有前定，乃至一饮一食都是前世注定的，怎么能用掠夺、奸巧诡诈的手段求得富贵呢？

君子只会用公正的心、忠心、直心来行事。"素富贵,行乎富贵;素贫贱,行乎贫贱",绝对不会有那种攀缘贪取的念头,因为他知道命中都已经注定了,求和贪都得不到,所以君子乐得做君子。小人不懂这些,他糊涂,不理解、不了解事实的真相,他以为靠掠夺可以致富,靠阿谀、奉承、奸诈的方式可以升官,想不到,命里有时终须有,命里无时莫强求,他这么做,只是枉做了小人。

【赏罚不平,逸乐过节。】

这是讲奖赏和惩罚都不公平;自己贪图安逸享乐,超过了节度。奖赏和惩罚是一种手段,为了彰显善行,警惕恶行,如果是奖赏和惩罚不公平,太轻或是太重了,这都会造成不良的社会影响。

享乐也不能过度,《礼记》上讲"乐不可极,欲不可纵",纵欲享乐的生活,很消减自己的福报。真正觉悟的人会抓住这个时光,多积德修善,为人民,为社会来造福,绝对不会有享乐、贪图安逸的想法。

孟子曾经说过"生于忧患,死于安乐",这句话是讲一个人在忧患当中,在逆境当中、他反而懂得进取,也能够生存。如果是安逸,过着享乐纵欲的生活,那最后一定会灭亡。人如是,国家也如是,所以在这一点,一定要注意。什么是真正的乐呢?通过读圣贤书,在学圣贤之道当中,才能得到真乐,那种乐是内心当中涌出来的喜乐,不是外在的,外在给我们的刺激,那种放纵情欲的乐，叫"刀尖蜜"，像打吗啡吸毒一样，乐一时，之后就是苦了。

【苛虐其下，恐吓于他。】

这句话是讲苛刻地虐待自己的下级和仆人，恐吓他人使人产生害怕，产生恐惧。上级领导如果残害，或者是虐待自己的部属、下人，不懂得关心爱护他们，是犯了"苛虐其下"的罪过。下包括下属，还有年纪小的，晚辈。对待自己的下属，对待比自己年幼的人，都要懂得注意这五个方面的事情，这是佛在经里面告诉我们的：第一，应该先了解他们，有什么生活的需要，饥渴冷热等等，要懂得关心他们，然后才让他们把事情做好；第二，如果他们有病，要给他们医治；第三，如果他们犯了错误，不能随意地鞭打惩罚他们，应该先问明原因，能原谅的尽量原谅，让他们能够改过，不可以原谅的，也应该在处分上面留有余地；第四，下属的财物不可以随便拿走，要对他尊重；第五，分给他们的东西也要平等不要偏爱。如果能够这样做的话，下属对我们就会忠心耿耿，这正是古人讲的"君仁则臣忠"。君就是领导，领导如果是仁爱，部下对他就非常的忠诚。领导如果是刚愎自用，不关心下级，下级只会把他当作路人，不可能对他有任何的忠心。

下面一大段从"怨天尤人"一直到"指天地以证鄙怀，引神明而鉴猥事"，讲的都是犯了忌讳的这些恶。

【怨天尤人，呵风骂雨。】

这条是讲如果有不顺意的时候，不检点自己反而埋怨上天，怨恨他人，甚至还呵斥风雨，这些都犯了天地的忌讳。君子都懂得"行有不得，反求诸己"。孔老夫子射箭的时候，就告诉他的弟子们说，君子的行为就像射箭一样，箭射过去，如果打不到靶心，你能怨那个箭吗？你能怨那个靶吗？不可以。应该反求诸己，怨自己的射箭技术不够。

一国的老百姓犯了罪，罪在谁呢？商朝的汤王认为，"万方有罪，罪在朕躬"。恩师的老师——李炳南老师，有一次学生犯了过失，这些学生们拿着教鞭给李老师，请李老师打他们，结果李老师拿起教鞭就往自己身上打，说："我没有教好是我的不对。"这是正人君子的风范，如果是犯了过失自己不去检点，反而去怨天尤人，说天时不好，说这些人不合作，骂这个骂那个，甚至连天地鬼神都骂了。呵风骂雨，风也是天地的造化啊，骂风雨就是骂天地鬼神，当然会引起天地鬼神的震怒。

【斗合争讼，妄逐朋党。】

这句话是讲，唆使他人来打官司争斗，还任意去追逐结党营私，这些事情都不好。《朱子治家格言》上有一句话这样讲，"居家戒争讼，讼则终凶"。一个家庭不可以有任何打官司的事情，这个官司能不打就不打，宁愿自己吃亏都不打。

我有一个亲戚，他因为工伤，就告他所在的那个公司，我就劝他不要告，古人说"讼则终凶"，不吉利。结果他不听，一直告下去，后来，官司败了，还要赔偿很多的诉讼费。所以遇到人家有争斗，要打官司就尽量调解，以和为贵，这是符合天性的。

"妄逐朋党"，是讲如果在朝廷，结党营私是大的罪恶，在一个单位团体里面如果分派，互相地结成派别，互相的明争暗斗，这都会影响集体的和睦，甚至还有一些人参加社会不法团体，都会毁了自己的一生。所以交友要很慎重，君子之交淡如水，不能跟这些酒肉朋友混在一起。

【用妻妾语，违父母训。】

这句话是讲听信妻妾的话，违抗父母的教训。这里要想想，人的一生当中，谁对我的恩德最大呢？父母使我们从无到有，从小到大，从一个无知的孩童，直到长大成人，父母养育之恩，恩重如山，一生一世报不完，怎么可以一结了婚就听信爱人的话，而违逆父母呢？这个爱人也是不识大义，不懂得让自己的丈夫孝顺父母，反而怂恿他违背父母的教训，所以两个人都是大不孝。

【得新忘故，口是心非。】

这条讲的是得到了新的，就忘了旧的，嘴里说一套，心里想一套。"得新忘故"，现在人这种过失比较普遍，小到衣服器具等，大到朋友、亲戚之情，甚至于连夫妻都有得新忘故。"得新忘故"的人便是薄情寡恩的人，他怎么会有福报呢？

"口是心非"指有一种人很阴险,嘴里说一套,心里又有一套,说的完全不是心里想的。要知道圣人之所以成为圣人,是因为他心里有着真诚。司马光所说的:无事不可告人言。没有一桩事是要隐瞒别人的,这是真诚到极点了。口是心非的人,自己成了小人。如果因为这种口是心非,造诸恶业,设计圈套陷害他人,佛在经里讲了,他死后会堕拔舌地狱,就是舌头被拔出来用犁来耕,得这个惨报。而且受报完了之后,还要投生畜生道,吃那些荆棘的食物,最后投生到人道,变成哑巴没有舌根,或者是口臭。这些都是犯了口业而得的果报。

【贪冒于财,欺罔其上。】

这句话讲的是对于财富非常贪爱,甚至会冒领财富。"贪"是贪心,"冒"是冒领,就是付诸行动,心里有贪心,身体就造作了偷盗的行为。"欺罔其上",就是欺瞒上级、长官,这是对一个居下位的人来讲,要懂得忠于职守,对于自己的长官,要负责任,对长官能够尽忠,也就是对祖国人民尽忠,不能因为自己的私利而欺瞒上级领导。

【造作恶语,谗毁平人。】

这句话是讲编造一些恶毒的语言,捏造一些恶事来攻击人。谗是指谗言,进谗言,在背后说别人的坏话。毁就是毁谤,用谗言来毁谤，用恶语来攻击谁呢？攻击平常的人。这种人连平常的人都不放过，更何况跟他有利害冲突的人？如果是正人君子，对他的一些请求不予理会，他可能就用各种方式来攻击和毁谤，这些都属于恶口。恶口的罪业，在佛经里讲，死后会堕刀兵地狱、拔舌地狱。从地狱出来以后，还要遭受宰杀，或者是自己的形体受到毁坏，受这种果报。所以要戒恶口，恶口是十恶之一。首先要懂得存养一种仁爱之心，《太上感应篇》给我们讲的种种的恶因，都是我们的戒律，前面所讲的善因善果，都是教我们要有这样的存心，心上要纯善、纯净，自己造作行为要守戒律，这才能够成为一个善人。

【毁人称直，骂神称正。】

这里都是讲恶口，毁谤人。为什么要毁谤呢？因为他用毁谤的方法，来显示自己是正直的。甚至毁谤正人君子，告诉大家那个正人君子远不如我，显得我更正直，更高尚。这种存心，是用造恶业来显示自己。

"骂神称正"，就是讲辱骂神灵。前面讲的还只是毁谤人，现在则是毁谤神灵。因为神灵是正直的，聪明正直才称为神灵，结果他为了显示自己更加的正确，竟然把神明也拿来辱骂了。触犯神明，获极大的罪，他只能瞒一些愚痴的人，怎么会瞒得了有正知正见的人呢？更不可能瞒过鬼神了，他必然会遭到上天的报应。

【弃顺效逆,背亲向疏。】

这句话是讲抛弃顺道,而去效法逆道;违背至亲的人,却向着生疏的人。这都是因为自己邪知邪见,根本分不清顺逆向背,不明是非善恶,糊涂地造作,干这些罪业将来堕三途。什么是顺呢? 简单地说,就是顺天理、顺人心。天理存在于每个人的心中,每个人都知道基本的善恶标准,比如说孝顺父母,这是好事,这是顺天理的,顺人心的。天道是“顺之则昌,逆之则亡”,若一个人故意不孝顺,逆天道、逆人心而行,其下场一定是自己身亡,亡了之后会堕入三途。深层次地说,这个顺,一定是要顺性德,不能违逆自性。性德是什么呢? 性德就是自性流露出来的德能,是人人本具的,而自性是完美的,是整个宇宙的本原。

人如果找回了自性,就叫作圣人。找回自性之人的观念是什么呢? 看整个宇宙和自己是一体的。“他”在哪里呢? “他”没有了,整个宇宙就是“他”,他所做的,一定是为尽虚空遍法界一切众生,为众生就是为自己。因为自己跟众生是一体,所以“他”在哪里? “他”就是众生,“他”就是虚空法界,他的爱心是心包太虚,量周沙界,这叫无缘大慈,同体大悲。找回这个自性这就叫作佛,所以要顺着佛道,将来才能够圆满成佛,才能得大自在;逆着佛道就是逆自己的本性,就跟本性离得越来越远了,那么将来只会受三途的苦报,本来是不需要受的,现在又冤枉受了。

“背亲向疏”,虽然我们讲,一切众生与我一体,本来不应该分亲疏的,亲疏是人的分别。刚才弃顺效逆是讲真谛,要顺自性。但是在俗谛上，对于我们凡夫而言，有分别，有执著。从哪里开始做起呢？这个顺、爱，必定要从至亲开始，要从孝顺父母，爱敬父母做起。如果对父母都不孝顺，不爱敬，怎么可能孝顺爱敬尽虚空遍法界的众生呢？孔老夫子在《孝经》里面讲"不爱其亲而爱他人者，谓之悖德；不敬其亲而敬他人者，谓之悖礼"。父母亲都不爱，你想他能爱谁？父母亲对我们此生有深厚的养育之恩，我们还没有报答，已经很惭愧了，还要背离他们，还要向着外人，这是何等的不孝啊！为什么去爱敬外人，而不爱敬自己的父母呢？这是自己内心有私利和欲望，外人可以满足他的私利，满足他的欲望，所以他就装出爱敬的嘴脸来，这是"背亲向疏"啊。天地鬼神都会因此而愤怒，不光是天地鬼神愤怒，一个正人君子看到这种行为，都不齿，对他这种行径不屑一顾，看不起。

【指天地以证鄙怀，引神明而鉴猥事。】

这一条是讲，手指着天地发誓，发誓是为求信，证明自己心地真诚，天地可以为我证明。古人发誓，有一种豪气，让天地作证明：我这个心是真的，哪怕是生命都断送了，也绝不改变誓言。这是英雄好汉。但是竟然有一类人，心地卑鄙，口是心非，心里充满了私利、贪心，或者是一些见不得人的事情，为了表示他的假清白，竟然也敢向天地发誓，让天地为他卑鄙的行为和那种见不得人的心怀来作见证，引领神明来监察他那猥琐的事情。那种见不得天地，不能露光的事，欺天、欺人、自欺的行为，怎么能有好报呢？他的下场不是被雷轰死，就是被天灾夺去性命，所以灾殃真的是自己召来的。比如要天地证明他现在没有做这个坏事，其实他已经做了，然后口口声声发誓说："我没做这个坏事，要不就天打雷轰。"其下场一定是被天打雷轰，一切法由心想生，他自欺欺人可以，欺骗不了因果定律。他心里这么想，就造了这个恶因了，那个恶报就免除不了了。

下面这一段："施与后悔"一直到"谩蓦愚人"这一大段，讲"不仁"的恶，没有仁爱之心。

【施与后悔，假借不还。】

这句话是讲布施给人，心里就后悔了；借了人家的财物却不愿意还。要知道，布施是修福，那怎样布施才能算是修福呢？要有真正的慈悲心，愿意帮助别人，那是真心、诚心，这才有福报。布施里面如果夹杂一点傲慢、一点后悔，福报就不圆满了。

要用恭敬、真诚的心去布施，才是真正的福报。那么布施以后，他又后悔了，证明了什么？布施的时候不是真心的，没有诚意，布施后想来想去后悔了，这种贪吝悭啬的私心没有断，舍不得。舍不得的心那是跟饿鬼道相应，哪怕他真的是布施有福，到哪儿去享呢？到饿鬼道上去享。

真正明白的人，布施绝对是欢欢喜喜，这就是修福。也不用担心布施之后别人拿了我的钱不是做正经事，有这种顾虑就叫后悔，我布施真诚，是为了做善事，是为了帮佛教，我的功德圆满。他拿我的钱去做坏事，那他有因果，跟我不相干，心地纯净，行为纯善，没有夹杂半点的疑虑，疑虑就是污染。所以施与不仅不要后悔，也不要去想，真正做到"三轮体空"，"三轮体空"当下就要做。在布施时绝对不要想：将来会不会有什么问题出现？这样一想善心就没了。

恩师在讲经时举了一个例子。新加坡有一位谈禅法师，每天在城隍庙的门口卖一些蜡烛、油灯，把得来的钱一分钱一分钱攒起来，供养寺院。在大陆建寺庙，都是多少万多少万的捐，尔后只说一句话："个人因果个人负责。"捐了之后再也不过问了，心里多清净！

"假借不还"，借了东西必须还。《弟子规》教导我们："借人物，及时还。后有急，借不难"。所以要讲信用，借了人家的东西，按时还，最好是提早还，这样就再借不难。但是借了人家的东西，贪心起来了，不想还了，甚至希望别人忘记了，忘记了就可以不用还了。还有前面讲的，"负他货财，愿他身死"，借了人家的财物，希望人家早死，早死就没有人来追债了。有这么便宜的事情吗？人为什么在六道里轮回？为什么会受苦？不就是因为欠债还债吗？欠命债，得还命债，欠钱财的得还钱财，一分一毫都错不了。借人财物一定要归还，讲求信用。

有这么一个例子：在大陆一个县城里，有一个人讲他爷爷的事情，说他爷爷解放前是做生意的，借了人家的钱财，后来债主死了，就没有还。解放后有一天，他们店铺关门了，关上门后，听到外面还有人敲门，天都黑了还有谁敲门呢？他打开门一看，见到一个人，那人没有面部表情，直勾勾地盯着他。然后就跟他讲，你爷爷借了我的钱，我现在来讨债。他赶紧去跟他的爷爷讲，他爷爷出来一看，仔细地端详之后，就想起来了，原来这个人就是过去曾借给他们家钱的人，后来他死了。死了怎么还会来呢？这难道是鬼吗？想想吓得汗毛直竖。然后那个鬼就说了："你别怕，我也不是来害你的，我只是来把你以前借的钱讨回来，我现在在鬼道里面没有钱用，你得给我烧纸钱。"这个掌柜的爷孙俩听了之后，心就比较安了，就说："你既然来了，也不容易，就进来喝点酒吃点东西吧。"于是就把这个鬼请进来了，摆上了一桌菜，倒上酒，两个人就聊起来了。一直有吃有喝，聊的也很愉快，一直到第二天的早晨，快要天亮了，那个鬼就要走了，他们俩是聊了一个晚上的"鬼话"。第二天爷孙俩就赶紧买了一百打银元的纸钱到那个人的坟上去烧，烧了之后就再也没有见到这个鬼了。所以假借不还者，将来还会遇上债主来讨债的。

【分外营求，力上施设。】

这是讲本分以外的本来不应该攀缘，但是却一味地去营求争取。"力上施设"是讲，竭尽自己的力量去实施过高的计划，这些都属于攀缘。攀缘的人很苦啊，随缘的人才快乐。攀缘的人一天到晚筹划，今天要做多少事，今年要完成多少项目，自己给自己加压力，尤其是现在社会，本来压力就很重，但是还给自己妄加压力，这真的是可怜啊。

2006年5月份的时候，北京很多家报纸都刊载了一条新闻：某知名大学的一位四十岁的女博士生，跳楼自杀了。她为什么跳楼自杀呢？后来经过调查才明白，这位女博士有家庭，先生跟她都读博士，还有一个十三岁的小孩。靠自己微薄的工资，家里经济比较拮据。女博士学习很用功，成绩也非常好，她曾经拿到那个大学的最高荣誉奖项，而且工作已经找到了，准备毕业之后就要到一个新闻单位去工作。但她志向很高，找的工作令她很不满意，再加上学习的压力很重，使得她萌生了轻生的念头，这就是"分外营求，力上施设"。人如果不知足的话，给自己增加了压力，增加到一定程度的时候，自己受不了了，就会寻短见。

知足常乐，何必去攀缘呢？自己真正有的福报，自然就会来，天不会生无福禄的人。既然已经生到人世间了，那就相信不会饿死。每天去做好事，在人生道路上，过有意义的生活，为社会、为人民多做一点贡献，何必只是为了名利去追求，还竭尽全力自寻烦恼？所以功利心重，压力就很重。《菜根谭》上一句话讲的好，世上的人都以饥寒为忧，好像是少吃少穿，生活很清贫，这是忧虑；但是他不知道不饥不寒的忧那更是让人忧，为什么呢？像这位女博士的这种状况，怎么样也能过上不错的生活。但是攀缘就导致这样的结果，这也是因为她自己好强争胜，就是现在这个社会提倡的，竞争的心理害了她，真正快乐智慧的人，与人无争、与世无求。

【淫欲过度。】

这是讲,男女之间的色欲超过了节制,前面太上老君给我们讲到,"见他色美,起心私之",这是讲邪淫,念头上有这些邪念,行为上又有造作,都是犯大戒,都会得报应,不是自己功名不保,就是断子绝孙,或者自己短命。而这里"淫欲过度"主要是讲夫妻之间过度的性生活,这都不应该。要知道,夫妻是一种道义、恩义、情义的结合,家庭是社会的一个细胞,夫妻生儿育女,为社会培养下一代,这是一个神圣的使命,也是对祖先的孝顺。所以,夫妻之间要懂得相敬如宾。过度的纵欲不仅伤自己的身体,如果一个人的念头里面,贪念很多,正念就少,对于自己的利益德行都没有好处。何况房事过度,精神就不好,古人讲,精神足则智虑生。一个人的智慧有相当的精神才能生出来,所以要懂得节欲。圣人给我们做的榜样,像孔老夫子,他娶妻生子以后,就去周游列国教化民众十四年。这是什么呢?纯恩义情义的维系,并不是欲望的结合。更何况学佛的人要懂得,人为什么生到娑婆世界里搞六道轮回呢?根本的烦恼就是爱欲,贪淫是最重的烦恼。杀、盗、妄的戒比较容易持住,因为犯起来比较明显,而且还比较能够节制。而这个贪爱的烦恼是最重的,拖累了众生,使他们生生世世在六道轮回里面不能出离。

古人讲"爱不重不生娑婆,念不一不生净土"。娑婆世界的业因就是爱欲,极乐世界的业因就是净念。念要一,一是什么呢?就是念一句阿弥陀佛,净念相继,这就是生净土的业因。到了极乐世界,还是要将阿弥陀佛继续念下去。刚去极乐世界的时候,在凡圣同居土,我们还是凡夫;净念相继,再升到方便有余土，入圣人的果位；还是净念相继，那么再上到实报无障碍土；还是净念相继，乃至成佛。就是一句阿弥陀佛念到底，没有一丝毫的杂念，心地纯净、纯善，这个念所生的就是极乐世界。一切法从心想生。心是阿弥陀佛，这个土就是极乐世界。释迦牟尼佛也是念阿弥陀佛，他在这个秽土里面看到的就是极乐世界，为什么呢？因为他念念只有阿弥陀佛，阿弥陀佛就是无量光、无量寿，这是佛的通号，是自性的名号。蕅益大师在《弥陀要解》里讲，"举此体作弥陀名号"，这个阿弥陀佛的名号就是整个法界、整个自性的名号，所以念佛就是念自性。

在夫妻生活方面要懂得节制，夫妻关系，不要建立在欲的方面，要慢慢提升境界，升华上去。

【心毒貌慈。】

这是讲心意恶毒，还装出慈善的样子，这种人最难以防范了。为什么呢？看不透他，他深藏不露，城府很深。表面上很慈祥，跟人家都很好，内心里却另有想法，甚至心怀恶毒，即使是这一生恶报没有现前，来生也是堕三途。

【秽食喂人。】

用污秽的食品，来给人吃。要知道，食品一定要注意清洁卫生，如果有发臭的、发霉的，或者是被虫子、老鼠咬过的都不能再吃，吃了会生病。如果故意用这些污秽的食品，来给人吃，让人得病，这个心也是够恶毒了。所以我们送给人的东西一定是最好的，不要把我们不要的东西去送给人，当然如果那个东西没有问题，可以用，那也未尝不可，所以能把最好的东西送给人，是体现真正的恭敬心。

【左道惑众。】

是讲用旁门左道来迷惑众生，左道就是邪道，用这些邪知邪见，来迷惑众生。"舍身容易舍见难"，一个人要被杀了，要舍去这个身体，那还比较容易一点，要让他舍离他的见解这很不容易。那些制造恐怖主义的人，在自己的身体上绑上炸弹，带上这些炸弹去跟人家同归于尽，搞这些自杀事件，都是他们的邪见在起作用，他宁愿舍身去做这些邪事。当然这样他一定会堕三恶道，所以舍掉见解不容易。

如果用这些邪知邪见来蛊惑众生，那比杀众生生命的罪业还要重，为什么呢？杀了他的生命最多就是这一世，来世他还会有。有福报的，来世还是来人道，但是如果把他的见解污染了，他可能永劫不能翻身。所以，我们一定要给众生以正法，宣传圣道。我们讲佛法也好，世间的伦理道德也好，不能加自己的意思，一定要完全依照古圣先贤的意思，这样就不会左道惑众。要不然真的是像古人讲的，错下一个字就堕五百世野狐身。那是古代一位禅师，讲法的时候，别人问他："大修行人落不落因果？"他说：

"不落因果。"讲错了！这个错导致他做了五百世的狐狸，后来遇到了百丈禅师，百丈禅师给他纠正了，让他在大众面前再问："大修行人还落不落因果？"百丈禅师回答他："大修行人不昧因果。"不昧就是不糊涂，清清楚楚、明明白白。他不会造恶业的，他知道，造恶业一定会遭恶报。他对于因果很明了，不会造罪，这才是正法。

【短尺狭度，轻秤小升。】

这里讲的是做生意的人，商场上，比如说卖布匹的，用短尺来度量布匹，故意减少一点给人家。量体积，称重量的，用轻秤小升，故意做了手脚，来卖给人家，占人家的便宜。每天这么做，每天占一点便宜，一年两年，十年二十年甚至做一辈子，这个恶业积累的是恶贯满盈啊。不仅他将来必须得还债，现世必然遭到报应。在《太上感应篇》上讲的，这种人一定会遭到上天降灾、雷火焚烧的恶报。

【以伪杂真，采取奸利。】

这是讲把假的东西掺杂在真的东西里面，用这种奸诈的方法，来牟取暴利。现在社会上有很多的人干这些事。什么东西都有假的，伪劣产品充斥市场。真是样样都有假的：假药，药品是帮助人治病的，卖假药就等于是谋财害命一样；钞票，现在假钞票很多，印制假钞票更是造作大恶业，他完全是强取豪夺啊，不花本钱，来骗取大众的钱。"法网恢恢，疏而不漏。"这种"以伪杂真，采取奸利"的起源在于贪小便宜的心，贪取心未断。假如在市面上，一个人发现自己拿到了一张假钞，比如说五百块钱港币的假钞，怎么办呢？"要是扔掉五百块钱假钞那我不是亏了？我还是趁着机会把它用掉"，这样想就是属于"以伪杂真，采取奸利"。遇到假钞，不能再让它流通，再让它流通会害更多的人。自己已经损失了五百块钱，怎么能忍心让他人蒙受同样的损失？而且这样流转下去，更多的人都会遭到损失，应该把它销毁，或者送交有关部门，不能再让它流通。

【压良为贱，谩蓦愚人。】

这是讲压迫好人变成贱人，包括压迫良家妇女，做卑贱的事情，压良为娼。"谩蓦愚人"，"谩"就是欺诈，"蓦"的意思是快速的，人家还没有发觉他的欺诈，他已经做了。欺诈哪些人呢？愚人，一些糊涂的人、无知的人或者是老人，他们没有社会背景，好欺负，或者是欺诈无知的小孩，欺老又欺小。这么做，实际上是心地奸险、行为恶毒。这样的人，心里有卑鄙的思想，这种思想感应的境界，就是自己变成贱人，将来被人欺诈损害，所以这都是自作自受。

请看下面一段，从"贪婪无厌"一直到"行多隐僻"，这是讲家庭里的恶。

【贪婪无厌，咒诅求直。】

这是讲贪心重的人贪得无厌，永不知足。自己在神灵面前诅咒，证明自己是正直的。这里给大家讲一个"贪婪无厌，咒诅求直"的故事。

湖北的一个村里，有一个老太太，有两个儿子，都娶了媳妇，都生了孩子。有一天这个老太太就想，我现在老了，把这个家产分了，看谁心好，就分给谁。于是她就做了一个测试，把两百块钱的人民币，放在桌面上，自己就假装睡觉，看看谁会拿这个钱，就知道谁会有贪心。结果自己不知不觉睡着了，醒来一看，这个钱已经被拿走。她就把两个儿媳妇叫来，说："家里面没有别人进来，你们谁拿了这个钱，赶快交出来！"这两个媳妇都不承认。老太太说："你们敢发誓吗？""敢！"两个媳妇都说："假如我拿了钱，我那个儿子会死。"大概是过了一个礼拜，大儿媳妇的儿子死了，大家都说，"哎呀！一定是她拿了老太太的钱，天报应了"。大儿媳妇受不了舆论的压力，就自杀了。过了几天以后，突然雷电交加下起了暴雨，二媳妇跟二儿子在一个房间里。二儿媳妇吓得脸都青了，跟她的先生说："天现在要报应我了，是我把大侄子给杀了来证明我是清白的，现在可能是天来报应我了。"她先生听了她的话非常气愤，就一脚把她踢出门。狂风暴雨，下了一个晚上的雨，到了第二天早上，大家在大儿媳的坟墓前看到二儿媳跪在那里，人已经死了，被雷给轰死了。这是"贪婪无厌，咒诅求直"，自己贪了钱，竟然还用诅咒来证明自己的正直，能够逃过天的报应吗？

【嗜酒悖乱，骨肉忿争。】

这句话是讲喜爱喝酒，嗜酒如命，醉酒后会违背理性而乱来，骨肉之间，父母兄弟，因此会愤怒、会争吵，甚至争斗。喝酒要尽量节制，佛门当中把酒戒作为五戒之一，为什么呢？酒能乱性，酒本来没有好坏，但是喝多了就容易造杀、盗、淫、妄，造作这些恶业就有果报。《弟子规》上讲，"年方少，勿饮酒；饮酒醉，最为丑。"喝酒会乱性的，还会做出一些自己清醒时候不可能做出来的恶事和丑事。

那么骨肉之间呢？兄弟之间一定和睦，不可以因为一些小财小利，或者是一些小的冲突、口角而怀恨在心，甚至还要争吵争斗，这都大伤和气。

【男不忠良，女不柔顺。】

这是讲夫妻，夫妻之间讲求的是道义、恩义、情义，夫妻是天赐良缘，怎么可以互相背弃呢？这个忠良就是忠厚善良，丈夫对太太要忠厚有义，懂得照顾太太；而太太应该温柔和顺，尊敬丈夫。刚强不是好事情，太刚强的人性格、脾气刚烈暴躁，特别是女性有这样的性格更不好。因为男属阳，女属阴，女孩子以柔顺为美，如果太刚强了，那反而就不美了。孔老夫子有五德：温、良、恭、俭、让。温就是温和，良就是善良，恭是恭敬，俭就是节俭，让就是礼让，这是圣贤人的品质。

【不和其室，不敬其夫。】

这还是讲夫妻之间，夫妻不和。室，就是指自己的太太。太太不尊敬自己的丈夫，互相不能和睦相处，不能够恭敬对方，所以家庭不和谐。现在离婚率为什么这么高呢？这都是"男不忠良，女不柔顺，不和其室，不敬其夫"造成的，所以夫妇相处之道要懂得互相尊敬。比如说先生去外面出差，回来必定给太太带一些小礼物；太太也在家里照顾好家庭，带好儿女。互相之间有共同的目标，相敬如宾才好。家庭是社会的细胞，家庭和谐了才有社会的和谐。有一位居士结婚，请恩师给他写几个字，恩师写了哪几个字呢？就是"治平之初，大道之始"。治，就是治国；平，就是平天下。治国平天下的根本在家庭。大道，就是圣贤之道，就是始于家庭。所以家庭不仅是夫妻两个人的事，还关系到社会的安定，后代的成长，这是一种神圣的责任。

【每好矜夸，常行妒忌。】

这是讲每每喜欢骄傲自夸，看见别人超过自己又会妒忌。"每好矜夸"是傲慢的烦恼；"常行妒忌"这是一种嗔恚心的烦恼。傲慢的人不可能有大的成就，为什么？因为他自以为了不起，满足了，他就不可能有进步。而自夸的人就显得浅薄，真正学问深的人，他表现出来的气质一定是谦虚恭敬，绝对不会骄傲自夸。妒忌的心态，也是人与生俱来的根本烦恼，人往往因为妒忌而造作很多的罪业。《太上感应篇》对妒忌这方面的恶讲了很多，因为众生这方面的烦恼实在是很严重，所以要修随喜功德。看见别人有了好事、善事，懂得随喜赞叹，从心里面欢喜赞叹，断自己的嫉妒心，需要着力下一番功夫。

【无行于妻子，失礼于舅姑。】

这是讲对待妻子不义不慈，这里妻就是妻子，子就是儿子，丈夫对太太和儿女要尽到丈夫、父亲的义务。现在很多人对自己的太太，不是刻薄寡恩，就是行为举止没有礼节，有时候亲热过了度，这些都是"无行"，不是真正做丈夫的行为。对孩子呢？不是太过的姑息放纵、娇宠，就是无端的苛责，没有尽到一个父亲的本分，"养不教，父之过"。

做太太的在家里应该侍候公公婆婆，舅姑就是公公婆婆，对公公婆婆失礼那就是不孝。当然对公公婆婆失礼的，其实儿子也应该负担一部分责任，真正孝顺的儿子他就不可能会有一个不孝顺的太太，因为自己可以感化对方，而且真正孝顺的人，绝对不会娶一个不孝的女子做太太，他肯定先想到的是父母，再去考虑自己的终身大事，所以太太如果不能对公公婆婆尽儿媳孝顺的义务，那么儿子也是要负很大责任的。

【轻慢先灵，违逆上命。】

这是讲，轻慢忽视祖先的亡灵；违背长者上级的命令。前面一句是不孝，第二句是不忠，不孝不忠，这种人怎么可以立于天地之间呢？祖先过世了要祭祀，像春天的清明节，冬天的冬至节，是祭祀祖先的日子。古人讲"慎终追远，民德归厚"。对祖先要常常怀念，常常祭祀，来纪念他们，这个德行就厚了。祭祀祖先绝对不是说求祖先保佑，而是真正培养自己的孝心。祖先我都不敢忘，怎么敢忘现在的父母呢？这是孝。

我的爷爷，现在快九十岁了，身体还很好。我去年给爷爷和奶奶买了一套三房一厅的公寓，让他们在那里安度晚年，还请了一位保姆专门照顾他们的生活。儿女们也经常去看望他们，我每次回去都给他们带一些好吃的东西，别人都很羡慕他们，说："你们真有福报，晚年能过上这么幸福、安乐的日子，有儿孙供养。"而且还说孙子挺有出息，三十多岁当了大学教授，都很赞叹。我爷爷为什么能够得到这个福报呢？我想他真正的福报在于他一生祭祀祖先。我们家祖先的坟墓，葬在后山上，他真是几十年如一日，每逢祭祀的日子，都带着锄头上山去修坟锄草祭祀，不敢轻慢先灵，这就是他的孝道，晚年得福。

现代社会灾难日益频繁，恩师给我们讲，这是现代人两大罪业召感的这些灾难，哪两大罪业呢？第一是不孝父母，第二是不敬祖先，这是灾祸的根源。一个人对先灵轻慢，对父母就会不孝，对父母不孝他就敢违逆上命，对自己的领导、对国家、对人民不忠，这里有连带关系。忠和孝是一体的，孝是根本，忠是作用。古人知道，孝子必定是忠臣，找忠臣到哪里找啊？从孝子里面找。古人选拔人才的标准就是两条：一个是孝，一个是廉。廉就不贪污，生活很清廉、俭朴。这两条如果犯了，就是迈开了作乱臣贼子的第一步，上天绝对不会放过他的。

【作为无益，怀挟外心。】

这是讲所做的事情，毫无益处，对社会、对自己都没有利益，这是无聊的事情。现在很多的人都在搞无聊的事，走在街上，看到那些游戏机室，他们整天泡在里头打游戏；卡拉OK、跳舞、喝酒、聚众赌博都是作为无益。既然对社会是无用的人、无益的人，社会要他何用？他一定就不会有好的结果。

"怀挟外心"，就是暗中怀着些心理，怀着些什么样的心呢？偏爱外人的心，这是不忠。本来对自己有恩德、跟自己是至亲的人，应该忠心耿耿，应该多加爱护、关怀，但是他不做，反而去巴结奉承外人，偏爱外人。例如，作为一个团体的成员，就要好好为这个团体服务。如果不是为自己的团体服务，而是老想着去外面攀缘，那就是"怀挟外心"。在家庭里丈夫对太太不忠，太太对丈夫背叛，那都是"怀挟外心"。念头一动马上要注意审查，我们这个念头如果不正，没有好好地收敛，鬼神就会在我们的头上记一过失。

【自咒咒他，偏憎偏爱。】

这是讲，诅咒自己，诅咒他人；厌恶和喜爱有偏差，该爱的不爱，该厌恶的不厌恶。自咒咒他，是小人的行为。自己遇到了一些不顺心的事，就自己咒自己死，还要咒别人跟他一起死，让人家跟他同归于尽。人家死不死，那要看人家有没有福报，人家有福报就不会死，如果是咒人死，咒自己死，自己很可能会感召不好的果报。

在2007年3月6日我国台湾发生了一件轰动的新闻，台湾的一位选美小姐跳楼自杀了。为什么跳楼呢？因为在3月6日那一天，她去男朋友那里，看见她的男朋友跟另外一个女孩子在一起，可能有一些不检点的行为，这位选美小姐非常气愤，就跳楼了。她当时年纪还很小，二十三岁，正在念大学的外文系四年级，当选台湾小姐，长得很好看，青春年华，又是一个大学生，将来可能也前途无量。可是她跳楼自杀了，为什么呢？心里起了咒恨：怎么会找了这么个人？自己该死啊，自咒，还要咒他，一时想不开就跳楼了。

据她妈妈对记者说，七天之后也就是十三号，她的男朋友梦见了她，她告诉男朋友说："现在如果你能够回心转意，我们俩还可以进行冥婚。"唉，糊涂啊！为了这些虚妄的感情，糟蹋了自己的生命，糟蹋了自己的青春。想想，对父母还没有尽孝，怎么可以轻生呢？"身体发肤，受之父母，不敢毁伤。"父母的养育之恩还没有报，怎么可以为情而死，这就是愚痴。

"偏憎偏爱"，是讲在家庭里面比如说对儿女，有偏爱，不平等；家业大的如果有佣人，对佣人不公平；或者是单位里的领导对下属不公平, 有偏爱有偏憎, 这都不对。

【越井越灶, 跳食跳人。】

这条讲的是跨越井、跨越炉灶; 从食品或者人的上面跳过去, 这都是属于不敬。要知道井有井神, 灶有灶神, 要从上面跨过去就等于对神不敬, 更何况井水是吃的, 或者是拿来供佛菩萨, 供神灵的。灶煮出来的食物, 可能是供佛菩萨、供神灵的, 从这上面跳过去, 就是亵渎佛菩萨, 亵渎神灵; 何况食物是用来养身的, 不可以不恭敬。对人更要恭敬, 哪怕是用脊背对着人都是不恭敬, 更何况从人身体上跳过去。

【损子堕胎, 行多隐僻。】

这是讲损害孩子, 堕胎; 行为有很多的阴暗面, 不能光明正大。"损子"可能是因为两个人私奔以后, 生的私生子, 要把他溺死; 或者是自己怀孕了, 堕胎, 这些都是造极大的杀业, 杀害的是自己的孩子。要知道, 杀害孩子, 比杀一般人的业更重。后面讲的行多隐僻, 可能是犯了邪淫, 这里讲得很含蓄。做了见不得人的事情, 却不肯负这个后果, 所以造作杀业。

本章最后一段, 从"晦腊歌舞"到"无故杀龟打蛇", 讲的是不敬神明的恶。

【晦腊歌舞，朔旦号怒。】

晦是指一个月最后一天，腊是指一年有五天叫五腊：正月初一是天腊，五月初五是地腊，七月初七是道德腊，十月初一是民岁腊，十二月初八是王侯腊。这十二月初八我们有时候都会庆祝，喝腊八粥，那就是王侯腊。在这个月最后一天，是灶神向天上禀告这个家庭罪恶的日子。五腊当中，天神会聚集审察世人的善恶，在这个时候，如果是任意歌舞那就会犯神怒。

"朔旦号怒"，朔就是指初一，每一个月的初一。旦就是早晨，每一个月的初一，或者是一天的早晨，这都要冷静，要集中心思，因为一天的规划在于晨，一个月的计划在于初一，这都要谨慎去过好，怎么可以号怒呢？号就是哭号，怒就是发怒，都使自己的精神污浊，不能够生智慧。

【对北涕唾及溺，对灶吟咏及哭。】

这条是讲朝向北方抹鼻涕，吐口水，甚至是小便，在灶炉前面还要歌唱或者是哭泣，都是对神灵不恭敬，因为北方是北斗星君所在的地方，灶有灶神在主管，都要恭敬。

【又以灶火烧香，秽柴作食。】

这一句是讲用灶上的火来点香。这香是用来供佛菩萨的，或者是用来供鬼神的，应该用干净的香，干净的火来点，用炉上的火或者是用余火来点香都是不敬。用污秽的木柴来煮饭熏出来的味道，可能会影响到灶神，而且把食物都污染了，如果食物用来供佛菩萨或神灵，这也是亵渎。这是提醒我们，要处处小心、恭敬、谨慎。

【夜起裸露，八节行刑。】

这一句是讲晚上起床裸露身体；在八个节气的时候执行刑罚。晚上鬼神出没比较多，如果裸露着身体起来的话，这是对神灵不敬，就好像是光着身体去外面大街上走，这是对人的大不敬，对鬼神也是一样。所以，晚上睡觉最好穿件睡衣。八节是指立春、春分、立夏、夏至、立秋、秋分、立冬、冬至这八个节气，这个时候都是天神记录众生罪恶和福报、教化众生的日子，我们应该懂得施行仁爱，不要去执行刑罚。

【唾流星，指虹霓，辄指三光，久视日月。】

天上的流星、彗星代表神灵；彩虹，还有太阳、月亮、星星这三光，用手指，或用眼睛长久地看，都犯了天忌，所以要懂得敬天，对天地造化之物要恭敬。

【春月燎猎。】

这一句是讲在春天用焚烧森林的方法打猎, 燎就是焚烧, 把动物赶尽杀绝, 这是对于动物毫无人道的造作, 更何况在春天, 春天是动物怀孕哺乳的时候, 更应该懂得上天有好生之德, 不能够杀害动物。

【对北恶骂。】

这一条也是对神灵不敬, 道家认为北是北斗星君所在的地方, 对北方用恶言咒骂那是要犯天怒的。

【无故杀龟打蛇。】

这也是杀生。如果是杀龟杀蛇, 犯的罪就更重了, 因为龟是很有灵性的, 蛇报复性很强, 你要杀它们, 就会遭到惨报。

我的姨母是医生, 在一个石化厂的职工医院工作, 她跟我讲过一件事。有一天来了一个烫伤的重病号, 是个中年妇女, 被厂里的锅炉水, 倒翻下来洒到身上, 结果她被严重的烫伤了。她自己说, 在发生这个事故之前, 她杀了一只很大的龟, 把龟放在开水里面煮。结果第二天竟然就发生了自己被烫伤的事故。

还有一个例子是关于打蛇的, 在河南项城市新桥镇有一位叫高新德的, 有一天他打死了一条蛇, 这是1993年的事情, 到第二年的春天, 他就腰疼得很厉害。有一天遇到一个老者, 老者就问: "你是不是最近打死了一些什么动物?"

"是啊，我去年打死了一条蛇。"

这个老者说："打蛇是会遭报应的，你赶紧到寺院去请和尚念经超度，要不然可能你的腰疼好不了。"

这个人也没有在意，他不相信佛法，也没有做超度，之后经常做噩梦，在梦里大叫说看到了很多的蛇咬他。有一次重病昏迷了，口里还说有一条蛇要缠死他，他的儿子把他的被子掀开一看，真的有一条活的蛇把他的两只脚绞得很紧，很可怕，后来他就病死了。所以杀龟打蛇这个报应很严重，打蛇的人多半是腰疼，我父亲以前也是这样，小的时候不懂，打死过不少蛇，到中年的时候腰椎间盘突出，疼得他受不了，现在学佛了，也懂得放生吃素了，尽力消减从前所造业报。

下面讲恶的报应：

【如是等罪，司命随其轻重，夺其纪算，算尽则死。】

这是讲，如果犯了上面讲的这些罪恶，司命之神就会随着他犯的罪业轻重来夺他的纪算。一纪是十二年，一算是一百天，犯重罪的夺纪，犯轻罪的夺算，夺到最后，寿命夺完了就死了。

【死有余责，乃殃及子孙。】

这里讲的是死了以后还有余报，当然他自己在三途受报，现世他的子孙也遭殃。下面三条又具体谈到盗和杀两种罪报。

【又诸横取人财者，乃计其妻子家口以当之，渐至死丧，若不死丧，则有水火盗贼，遗亡器物，疾病口舌诸事，以当妄取之值。】

这是讲偷盗、强盗之人蛮横地霸占人家的财产，那么他自己要受现报，而且他的家人也替他抵罪，妻子家口都会遭到报应的，慢慢渐至死丧，家破人亡，如果还没有到死丧的地步，也会有水灾、火灾，或者是遭到盗贼，或者是遗失器物，或者是生病，生病也要花很多的钱，或者是被人说过失，或者是打官司等等，用这些来抵自己所贪取的钱财。

【又枉杀人者，是易刀兵而相杀也。】

这里讲的是如果冤枉杀人的，有什么结果呢？换一把刀再互相杀，我今天杀了你，你下次又杀我，冤冤相报，没完没了。

【取非义之财者，譬如漏脯救饥，鸩酒止渴，非不暂饱，死亦及之。】

这里再次讲到偷盗，为什么呢？世间人贪心太重，偷盗的行为太恶劣了。所以太上老君说完前面的恶因，又重复提到偷盗这个罪恶。夺取不义之财的这些人就像吃"漏脯"，"漏脯"是什么呢？是把肉放到屋檐底下，屋檐的水滴下来，浸泡在肉里面，那么这个肉就有毒,吃了就会被毒死。吃这些漏脯,来救自己的饥饿,还没吃饱,就要死了。"鸩酒止渴",鸩是毒酒,用喝毒酒来止渴,不等于是自取灭亡吗?

在2001年美国金融界里头,发生了一起很大的金融丑闻。全美国第七大公司安然能源公司破产了。这个破产使得上万美国人失去了工作,而且因为破产以后,这个公司股价大跌,从四十块美金一股,到最后不足一美金一股,几十亿美元付诸东流。对美国金融界是一个重创。为什么这个公司会破产呢?是因为公司的主要领导人CEO(首席执行官)贪污,做假账,蒙骗投资者。结果三位领导人,一位是前CEO,公司的创始人,叫作肯尼斯莱,在审讯以后将面临75年的监禁,当他听到这样的一个判决之后,就心脏病突发过世了。另外一位就是现任的CEO,叫作杰弗瑞·吉斯林,他被指控二十八项罪名,这些罪名现在已经成立。他面临着275年的有期徒刑,坐几辈子牢都坐不完了,那就来生继续再坐吧。还有一位是副董事长,在这个丑闻刚刚爆发后,第二年的一月份,他就饮弹自杀了。这三位公司的巨头,贪取这么多的非义之财,他们得到什么了呢?他们能带走什么呢?"譬如漏脯救饥,鸩酒止渴,非不暂饱,死亦及之",这是愚痴的人,才会这么做。

第四章恶因恶报我们学习完毕。这一章非常重要,太上老君希望我们详细谨慎检点自己的心行,看看这些罪,自己有没有犯?如果是心理上有犯,即使身体没有造作,也逃不过罪报。

结 劝

最后一段是结劝。这是太上老君做一个小结，劝勉我们断恶修善：

【夫心起于善，善虽未为，而吉神已随之，或心起于恶，恶虽未为，而凶神已随之。】

这几句话讲的是当我们心中起了善念，这个念头刚起还没有等到身体去做，吉神已经跟随我们了，我们马上就会有吉庆和福报了。如果是心地起了恶念，还没有等待造作，凶神就跟定了，灾祸也已经注定。全在一个"心"字，这个"心"很重要，一切法由心想生，心有什么念头，就现什么境界。佛经上讲："三界无别法，唯是一心作。"三界是指六道，我们生活的环境，怎么形成的呢？没有别的法，只是我们这一念心所造。我们的心若是善，现善的境界；心如果是恶，就现恶的境界，没有人给我们作而让我们去受，全是自作自受。心起嗔恚就变成地狱道；心起贪念就变饿鬼；心起愚痴、邪见就变现畜生道；心如果是守五戒，不违法，那就是人道；心如果起慈悲，好善好德，慈悲喜舍，那就是天道；菩萨的境界是六度四摄心变的；佛的境界是平等心变现的，全是"心作心是"。

【其有曾行恶事，后自改悔，诸恶莫作，众善奉行，久久必获吉庆，所谓转祸为福也。】

这几句话是太上老君劝慰我们，如果是做了恶事要忏悔改过，天不会惩罚改过之人。能够一切恶事都不做了，一切的善事都努力地奉行，久而久之，不知不觉地必获吉庆。这是转祸为福的好方法。所以要转祸为福，要避祸得福全在我们的心啊。

"久久"这两个字，多久才算久呢？如果说固定在三年五年的话，那就执著了，不要起心动念，我们就这么但做善事，只问耕耘，不问收获，不知不觉福报就现前了。"久久"是让我们不要想太多，只理会做善事就可以了，就有不可思议的感应。

最后一句话太上劝慰我们：

【故吉人语善，视善，行善，一日有三善，三年天必降之福；凶人语恶，视恶，行恶，一日有三恶，三年天必降之祸。胡不勉而行之？】

这里讲了真正吉祥的人做到三善：语善、视善、行善。这三善就代表身、口、意，语善是口；视善代表心善，因为眼睛是心灵的窗口，视善指他不会看人的缺点，不会看那些恶的，更不会在意；行善是行为善，身口意三善，每天都这么做，三年天就会降福。俞净意公就是这么做的，三年命运改变了。反过来，如果身口意三业都造恶，这是凶人，有凶灾了，三年下来天就会降祸了。为什么不去依教奉行，勤勉地去断恶修善呢？

最后希望大家能把《太上感应篇》当作佛经来读，像恩师劝导的那样，每日念一遍检点自己的心行，这就叫作语善、视善，行为去奉行是行善，一日就有三善，三年下来一定有不可思议的感应，所以吉凶祸福全由自己把握。念佛的人求生净土，在断恶修善这方面一定要努力奉行，不可疏忽，真正做一个善男子，善女人，一心念佛，这一世求生净土，绝对能往生！

我们把《太上感应篇》学习圆满了。末学在讲习的过程中有什么疏漏和错误的地方，请各位大德多多批评指正！谢谢大家！

后　记

　　《太上感应篇》，系诸位大德仁者提倡落实的三部传统文化经典之一。它与儒家规范伦理道德的《弟子规》，佛门讲解基本戒律的《十善业道经》并称为传统文化三根，被当今有识之士誉为成就圣贤之道的根本经典。

称天立教　尊崇奉行

　　这部经典，是道家始祖老子为教化世人所作。"太上"，是称呼老子的至尊圣号，即道德天尊称天立教，既是天道，我们自然要认真学习，并顺乎人心，而去尊崇奉行。

　　祖师云：《太上感应篇》包含惠吉逆凶福善祸淫之至理，发为掀天动地触目惊心之议论，对善恶及其果报，洞悉根源，明若观火。本经篇幅不长，历代古圣先贤，做的注疏讲义，内容却非常丰富，将儒释道三家之精要都收揽其中。

　　本经从总纲"太上曰：祸福无门，惟人自召，善恶之报，如影随形"到示警、监察，到善恶果报，其旨在最后劝勉我们改过迁善。

当今许多仁者每天读诵《太上感应篇》，来检点自己的心境，日日改过从善。善恶与福祸、吉凶相应，所以我们学习的题目叫做"吉凶祸福的原理"，善恶报应就在心，这是本经主旨。太上是讲的心性，感应就是讲因果，"太上感应"四字，可以说涵盖了整个佛法，而且涵盖了儒释道三家圣贤的教诲。

民国初年印光大师，不遗余力来提倡本经，以此作为成佛作祖的根基，代替戒律，勉励后学。今之大德亦然，每日加意奉持，常组织诸位同仁学习研讨感应之理论与精神，寻找可行落实之法，断恶修善，增长大众对先祖文化以及转凡成圣的信心，让祖宗遗教真正成为家国安乐乃至社会和谐的良方法宝。

司过之神　惟人自心

其实，哪里有一条路叫祸，又哪里有一条路叫福呢？到底谁是我们的"司过之神"呢？

古代即有很多读书人都奉持这部《太上感应篇》，以求趋吉避凶，断恶修善，修身得福。

清朝一位状元彭凝祉，自幼就奉持《太上感应篇》，官居尚书依然每天读诵受持。他称这部书是元宰必读书，意非读此书即成状元宰相，但要无愧状元宰相之职分，则必定要在本书上下功夫。此言意味隽永，我辈当深思之，以求称职守分，少祸多福。

若能时时提起感应之理，必能转迷成悟，转凡成圣，则吾人皆为善人，人人心中皆福地，"心是能感，境是所感"，所居亦皆为福地，善地，自然达至当今社会国家之和谐，所以凡事求人不如求己，求己之真心而已，也如太上所曰：祸福无门，惟人自召。

思当今风沙水害、地震雪灾等等所谓天灾，亦不外乎人祸耳，诚如温家宝总理二〇〇九年二月二日在英国剑桥大学演讲时所言："道德缺失是导致这次金融危机的一个深层次原因。一些人见利忘义，损害公众利益，丧失了道德底线……"，所谓的金融危机究其实质是道德危机，伦理道德因果的学习，正是恢复人性本善的治世良方，这是我们于当今之世学习道德天尊老子之《太上感应篇》的现实意义。

一切境界　心作心是

钟茂森博士的恩师，当代一位大德也曾经详尽的讲解《太上感应篇》一百二十七个小时，一直深受各界朋友们的欢迎。

博士也有感于本经乃我们修身成道的至要，更善体初学和一些工作很忙的人之需要，故用十二个小时，应机简要介绍了这部太上老君的遗教，旨在宣讲因果报应的真相，导引大众断恶修善，归于和谐，成圣成贤，乃至往生成佛。

钟博士师从大德，对儒释道三家经论，了然于胸，古今中外之案例信手拈来，且契机契理，有中西学贯，通千经万纶宗要之貌。

而博士可贵处，在于善学而能继师长之志，所谓述而不作。报告中每每能呈现恩师宗要，例如：佛法、世法，要从我们心上分，此言绝妙。一切法唯心造，分别执著起于心。

若一砌墙人，作如是想：我是泥瓦匠；我在盖房子；我在成就万丈高楼。其心不同，外在的行为结果定会不同。泥瓦匠，糊口的职业而已，易流于平庸；胸中有房屋，人生脚步踏实；心有广厦，手中一砖一瓦皆是栋宇之基，易有所建树。所谓人生格局，无非思想决定行为，行为决定习惯，习惯决定性格，性格决定命运，命运在自己手中，在自己心中，也是佛家所说的"万法惟心造"。钟博士秉承师教，特别提醒诸位学人，若众等以大菩提心和成佛之心学习，本经即为佛法。

若以修佛之心学之，以大菩提心行之，可谓古德所云"可以超凡入圣，了脱生死，断三惑以证法身，圆福慧以成佛道。"

钟茂森博士关于"佛教、佛经"的论述，也使人茅塞顿开：佛教就是佛的教诲，但并不一定是佛说的才叫佛教。佛的经典可以由五种人来说，只要跟佛说的一样，都可以被称为佛经。真正的佛法有一个鉴定的标准，就是"诸恶莫作，众善奉行，自净其意，是诸佛教"，此修学良箴，亦破解诸位学人教派宗亲之分别执著。

解法圆通　自然入道

钟博士讲到孝养父母之志，就是自己积德累功，修行改过自新，完成社会责任，以实现父母之大志。父母希望我们发大愿，精勤努力，普度众生，乃至服务法界众生，所以，真正学圣希贤，那就是尽孝、尽忠，孝养父母之志亦非常圆满了。

听其言，观其行，语言朴实无华，却是真语实行者的味道。几年来，博士一千多个小时的修学心得报告，感动了多少志士仁人，他们因博士之讲习，而对圣贤事业生起真实信心，我们能与博士生逢一世，并聆听教诲，受其法化，乃人生幸事！

"建国君民，教学为先"，博士深明因果，大愿大力，在圣贤路上道心弥坚，光大伦理道德无有疲厌，更重要的是言行一如，一切从真实心中做去，落实孝亲尊师，所谓格物致知，修身为本，正己化人，是道则进，精进不止，立身行道，可谓演绎尽致，有志于圣贤之道者，发愿起而效法，则社会国家又一幸矣！

感念祖恩　迁善向道

早知天地鬼神之说，实难尽信之。

今听博士讲《太上感应篇》，确信有天地鬼神，肩头二神，更至身中三神，诸神时时相守近前，乃至常驻于身中，不仅司过监察，还要实报于天，且人人皆是功不唐捐，过亦自得，所谓"善恶之报，如影随形"。

想从前过恶，直若猬集，大生戒慎恐惧之心，博士宣导"人非圣贤，孰能无过，过而能改，善莫大焉"。

而今而后，言语造作，但求无过，如《诗》所云："战战兢兢，如临深渊，如履薄冰。"

纵观人类历史，感应之理，报应之事，累言不尽，古圣先贤也多遗书立说，用心良苦，旨在劝导后人，改过迁善，立德、立功、立言，利己利人，利家利国，利世而千秋万代和平。"无念尔祖，聿修厥德"，感念先祖为后世子孙的存心，吾辈自会提起至诚感恩，领受太上之教。

我们感念先祖先哲，也感恩国家护佑，万民欣逢太平盛世，在传统文化复兴之时节，得遇钟博士宣讲太上遗教之殊胜因缘，百千万劫实难遭遇，幸甚幸甚，感恩无尽。

种瓜得瓜，种豆得豆；有感必有应，随感随应，天然之道，水到渠成，我辈果能学而时习，迁善向道，精进不止，必能造自己之福，造一家之福，造社会国家之福，祝大家早日功德圆满。

——编者谨呈